L'INDUSTRIE SUCRIERE

INDIGÈNE

ET

SON VÉRITABLE FONDATEUR

PAR

M. AYMAR-BRESSION

Sic vos non vobis... mellificatis, apes!
— VIRGILE. —

PARIS

CHEZ L'AUTEUR, RUE LOUIS-LE-GRAND, 21

ET CHEZ LES PRINCIPAUX LIBRAIRES

1864

L'INDUSTRIE SUCRIÈRE INDIGÈNE

ET

SON VÉRITABLE FONDATEUR

PARIS. — IMPRIMERIE DE J. CLAYE

RUE SAINT-BENOIT, 7

L'INDUSTRIE SUCRIÈRE

INDIGÈNE

ET

SON VÉRITABLE FONDATEUR

PAR

M. AYMAR-BRESSION

Sic vos non vobis... mellificatis, apes!
— VIRGILE. —

PARIS

CHEZ L'AUTEUR, RUE LOUIS-LE-GRAND, 21

ET CHEZ LES PRINCIPAUX LIBRAIRES

1864

L'INDUSTRIE SUCRIÈRE

INDIGÈNE

ET SON VÉRITABLE FONDATEUR

INTRODUCTION

Il y a, dans l'histoire de toutes les sociétés, des faits
déplorables à mettre en lumière, et s'en faire l'his-
torien me paraît être une des plus dignes missions
à échoir aux hommes de cœur qui, mettant de côté
toutes mesquines considérations, ne craignent pas de
dévoiler sans pitié, les plaies qu'engendre le conflit
des passions humaines et les douleurs qui provien-
nent généralement d'une organisation sociale vicieuse.

Le labeur est rude, je ne me le dissimule pas;

mais la tâche est sainte, et l'entreprendre, c'est accepter un véritable sacerdoce.

Au nombre des faits lamentables, il faut placer toutes ces misères honteuses qui émanent de l'inconduite et ont pour principe la paresse; il faut enregistrer ces nobles misères qui ont peur du grand jour et finissent, ignorées, sur le lit de l'hôpital; il faut également signaler ces infortunes qui sont le résultat des grandes crises commerciales et industrielles. Au point de vue social, ce sont des faits que la statistique enregistre froidement, comme s'il s'agissait de balancer un compte de marchandises. Mais si l'on vient à descendre au milieu des victimes, si l'on s'approche du lit où gisent tous ces moribonds, le cœur se serre, on est mal à l'aise, on a froid.

Les économistes, devant toutes ces tristes réalités, répondent que c'est un mal nécessaire, inhérent à toute organisation sociale. Moi, je réponds : non! les vices, les ruines, les faillites, ne sont pas des maux *nécessaires;* non, cent fois non! et les temps sont venus de faire justice de ce déplorable sophisme.

Mais il est une autre nature de faits qui n'intéresse pas la statistique, dont chaque classification embrasse un ensemble considérable de choses et de personnes.

Sur ce terrain, et en dehors de toute idée spéculative, j'entends pénétrer dans les détails intimes de la vie de certains hommes, vaillants soldats de toutes les époques et de toutes les sociétés, dont le génie et la persévérance ont fait la gloire de leur pays et que leur pays a méconnu, sinon après leur mort, au moins pendant leur vie.

Le nombre en est grand, et la tâche serait au-dessus des forces d'un seul, s'il fallait entreprendre, depuis Homère, l'histoire de tous ces martyrs, dont le génie forme, à l'heure qu'il est, la base de toutes les sociétés civilisées; mais ce que je prétends faire, c'est écrire les efforts, les luttes, les travaux, la vie enfin des principaux soldats de l'industrie moderne. Je parlerai peu des heureux auxquels la fortune a souri; je retracerai cependant la carrière de quelques-uns; je m'efforcerai surtout de faire revivre les noms de quelques combattants ignorés, et de raconter les poignantes misères de ceux dont la fortune a sombré dans ce pénible voyage qu'on nomme l'existence.

Les uns et les autres ont droit à notre vénération, car c'est bien cette pléiade illustre qui a enfanté à elle seule les principes essentiels de cette grande science qu'on appelle l'industrie.

Parmi les illustrations du XIXe siècle, je citerai quelques individualités, afin de bien faire comprendre l'esprit de ce travail; je nommerai, par exmple : Lebon, Obercamp, Jacquard, Philippe de Girard, Richard Lenoir, etc., etc., et je commencerai aujourd'hui par un grand citoyen, encore de ce monde, mais dont on veut que le rôle industriel soit fini : je parle de M. Crespel-Dellisse.

Et ce n'est pas sur de vaines hypothèses ou des données douteuses que j'aurai échafaudé la charpente de cette triste histoire. J'aurai pu puiser dans des monceaux de documents, dans des milliers de faits.

Les livres de M. Crespel, son immense correspondance, les nombreux rapports qui lui ont été consacrés, les liasses énormes de papier timbré dont l'a accablé le fisc ; j'ai tout vu, tout lu, tout analysé pour chercher la vérité, et la vérité que j'ai trouvée ne craint pas de démenti.

De ces recherches, il restera donc quelque chose... cette ébauche historique et un monument !

Et ce monument, c'est une imposante collection de lettres autographes et de pièces authentiques où les plus grands noms des premières nations du monde semblent s'être donné le mot pour saluer, d'un commun accord, dans Crespel-Dellisse, le véritable fondateur de l'industrie sucrière indigène.

Espérons que cette collection ne sortira jamais de France !

I.

QU'EST-CE QUE LE SUCRE?

On a dit avec raison que le degré de force et de puissance d'une nation pouvait se traduire par la quantité de fer qu'elle emploie; ne pourrait-on pas dire aussi qu'on peut juger de son bien-être par la quantité de sucre qu'elle consomme? Le pain et le vin, le sel et le sucre sont les agens principaux de l'alimentation.

L'enfance, l'âge mûr, la vieillesse seront éternellement tributaires du sucre.

Le sucre intéresse donc le monde entier.

Aussi appelons-nous, sur tout ce qui touche à ce précieux aliment, la sollicitude de nos législateurs.

Le sucre, chimiquement parlant, est un corps qui, dissous dans l'eau et mis en contact avec le ferment, peut être décomposé et transformé en gaz acide carbonique et en alcool.

Il se rencontre dans les tiges d'une graminée à laquelle les botanistes ont donné le nom d'*Arundo saccharifera*. On le trouve aussi dans l'érable, la betterave, le navet, la carotte, la pomme de terre, l'oignon, et en général dans toutes les racines dont la saveur est douce.

Le sucre est connu depuis bien des siècles, mais avant la découverte de l'Amérique il n'était employé qu'en médecine à cause de son excessive rareté. La conquête du nouveau monde par l'Europe a révélé la canne à sucre et a permis de faire entrer cette riche substance dans l'alimentation.

Préciser le moment où le sucre a paru sous une forme concrète est chose assez difficile; il est cependant certain que les anciens l'ont connu, puisque au rapport de Théophraste, de Pline et de quelques autres historiens, on faisait usage du *suc* de certaines plantes, de certains roseaux qui, évidemment, appartenaient à la famille de l'*Arundo* ou canne à sucre. Lucien a dit en effet :

Quique bibunt tenera dulces ab arundine succos.

Mais l'antiquité ne possédait pas l'art de cuire le *suc* de ces plantes, de le condenser, de le réduire en pâte solide, blanche et fondante.

Le passage suivant offre quelque intérêt à ceux qui voudront écrire l'histoire du sucre.

« Les anciens ont connu le sucre et on en trouve
« les preuves dans les monuments littéraires qu'ils
« nous ont laissés. Ils en firent usage sous trois formes
« différentes, et l'on conçoit que la découverte leur en
« fut aisée. Le miel, puis la manne, et enfin la canne à
« sucre dont la saveur dut les frapper. Plusieurs auteurs
« et entre autres Strabon, en parlant des anciens
« peuples de l'Inde, disent qu'ils avaient l'art de faire
« une boisson en exprimant une espèce particulière
« de roseau. Érastothène va jusqu'à dire positivement
« que l'on solidifiait la liqueur obtenue par la pression
« des roseaux. Il est donc positif que le sucre était
« connu antérieurement à l'ère chrétienne. »

D'après Gay-Lussac, le sucre est composé :

	En poids.	En volume.
De carbone	42,47	12
D'oxygène	50,63	10
D'hydrogène	6,90	21

Nous donnons cette analyse pour répondre à ceux
qui regardent le sucre comme une substance alimentaire de peu d'importance, à ceux qui prétendent qu'on
peut se passer de sucre comme on peut se passer de
vanille, de café ou de cacao.

Pour nous le sucre, ne nous lassons pas de le répéter, est aussi indispensable que le sel, non-seulement
comme alimentation en général, mais encore comme
hygiène et comme médicament.

Le sucre est essentiellement nourissant et l'on pourrait soutenir longtemps un homme qui en ferait un usage exclusif. Écoutez ce capitaine d'artillerie fait prisonnier en 1812 au passage de la Bérésina. Au nombre de six cents ils furent enfermés dans une grange et n'eurent pour toute nourriture pendant quarante-deux jours que de l'eau et du sucre brut, vulgairement désigné sous le nom de cassonade. Cette alimentation les maintint en bonne santé et soutint leurs forces.

Le sucre, soit comme aliment, soit comme condiment, est aussi précieux que le sel. Supprimez le sel, le monde ne cessera pas d'exister, mais de son absence naîtront une foule de maladies. Le sel est, en effet, un digestif par excellence; il aide à l'assimilation, raffermit les muqueuses et sert d'antidote contre beaucoup d'affections.

Le sucre aussi vient en aide à la digestion, dénature utilement les substances amères et acerbes, leur enlève leur crudité et leur donne des propriétés digestives et d'assimilation ; c'est le meilleur des médicaments.

Et lorsqu'il s'agit de la conservation des aliments, il lutte encore d'utilité avec le sel. — Ne conserve-t-on pas dans le sucre aussi bien que dans le sel les viandes, les légumes et les fruits?

Donc le sucre a droit aux mêmes protections que le sel.

Riches et pauvres sont ses tributaires! Tâchons de le faire plus accessible au pauvre, et nous aurons rendu un immense service à l'humanité.

— Et n'oublions pas ceux qui auront résolu le problème!

II.

ORIGINE DU SUCRE DE BETTERAVE.

Depuis un siècle, la chimie a joué, dans le monde de l'industrie, un rôle immense : elle a satisfait à tous les besoins de l'existence, à toutes les exigences du luxe et du confortable ; partout elle a créé des merveilles, et, chose remarquable à constater, c'est que les plus grandes découvertes, se sont produites en raison directe des besoins.

En 1792, la poudre manquait ; les quatorze armées républicaines allaient être réduites à ne plus faire usage que de leurs sabres et de leurs baïonnettes, ce qui eût encore été quelque chose entre leurs mains ; mais derrière nos vaillants soldats, se trouvaient Berthollet, Fourcroy, Monge, qui découvrirent bientôt les moyens de subvenir à la pénurie. Le soufre était cher et l'argent rare. Artigues trouva alors le moyen de retirer des quantités énormes de soufre de

la pyrite minérale, très-commune en France. La soude
faisait défaut, et, pour cette substance, nous étions
tributaires des pays étrangers, mais Leblanc parvint
à en extraire à volonté du sel marin et à nous affranchir de cet impôt. Enfin, au moment où nous per-
dions nos colonies, où le blocus continental était déclaré, où les mers nous étaient fermées, la chimie,
pour répondre au vœu de Napoléon, trouva aussi le
moyen d'extraire du sucre du parenchyme de la
betterave.

Il nous faut du sucre, avait dit l'Empereur, et la
chimie ramassa le gant. Je ne cite ici que quelques
exemples lorsque je pourrais les multiplier à l'infini,
mais ce serait sortir de mon sujet, car je ne veux,
dans cette notice, que parler du sucre, et particulière-
ment du sucre indigène.

En 1747, un chimiste allemand, Margraff, découvrit
le premier que le parenchyme de la betterave contenait un principe sucré susceptible de se cristalliser.
Mais alors cette découverte ne franchit pas l'enceinte
restreinte du laboratoire, et Margraff lui-même ne vit
là qu'un fait à ajouter aux connaissances déjà ac-
quises, sans en soupçonner la valeur industrielle, sans
en calculer les immenses résultats à venir.

En 1787, c'est-à-dire quarante années plus tard,
Achard, associé au baron Koppi, de Berlin, renouvela
les essais de Margraff et comprit, dès lors, la possibi-

lité de trouver un procédé industriel d'extraction. De grandes recherches furent faites avec un soin incessant et une persévérance sans égale. Le gouvernement prussien accorda même, à cette occasion, 200,000 fr. de subvention aux deux chimistes, dont les résultats pratiques furent couronnés d'un plein succès.

Les travaux d'Achard eurent un grand retentissement, et ses expériences furent soigneusement répétées. Jusqu'en 1808, ils éprouvèrent un certain nombre de modifications, et à cette dernière date, on s'arrêta au traitement du jus de betterave par la chaux, puis par un acide et le charbon végétal; on concentrait ensuite la liqueur jusqu'à ce qu'elle pût se cristalliser par le refroidissement.

Ce fut au commencement de 1809 que M. Crespel apprit, par un de ses parents, M. Parsy, la découverte des procédés permettant d'extraire du sucre de la betterave; alors, s'aidant l'un l'autre, ils se mirent tous deux bravement à l'œuvre, et, à force d'essais et de tâtonnements, longtemps infructueux, car les connaissances spéciales leur faisaient souvent défaut, ils réussirent à trouver le *moyen pratique et industriel de l'extraction du sucre de betterave.*

En 1810, M. Crespel était à Béthune où il continuait avec ardeur ses premières expériences. Parsy, de son côté, ne restait pas inactif. Dans une lettre que j'ai sous les yeux, et dont il ne reste plus que des lam-

beaux, je lis, à cette date de 1810, le paragraphe suivant, qui est un des faits les plus intéressants à con-
signer dans l'histoire de la fabrication du sucre indigène : « Notre projet ira à bien ; les cristaux chez moi
se sont montrés dès ce matin : ils sont tellement forts
et adhérents, qu'ils forment des couches épaisses et
luisantes comme de la glace. »

Le zèle et le courage de MM. Crespel et Parsy étaient,
d'une part, soutenus par cette foi robuste qui ne fait
jamais défaut aux hommes de génie, et de l'autre, par
la promesse impériale d'une haute récompense pour
celui qui, le premier, arriverait à une *fabrication
industrielle.* Il y avait là de quoi encourager deux
jeunes gens qui débutaient dans la carrière.

A la même époque, d'autres courageux pionniers
poursuivaient le même but; parmi eux, je citerai
MM. Barruel et Isnard, Benjamin Delessert et le comte
Chaptal. Mais il est de notoriété publique que
MM. Crespel et Parsy obtinrent les premiers résultats
importants.

Ce fut, en effet, en décembre 1810, qu'ils remirent
le premier sucre brut de leur fabrication à Mme veuve
Colle, raffineur, qui en tira un magnifique pain de
sucre exposé à Lille, par les soins de M. le comte de
Brigode, alors maire de la ville.

Cette première fabrication, obtenue dans une étuve
mise à la disposition de M. Crespel par MM. Bernard

frères, raffineurs à Lille, produisit 100 kilog. de sucre, vendus 8 francs le kilogramme.

En 1811, M. Barruel arrivait à Douai et y montait une grande fabrique, qui disparut comme tant d'autres à la chute de l'Empire. Dans un cours public, l'habile chimiste préconisait la fabrication du sucre indigène au moyen de l'acide carbonique. Parsy entretint à cette époque une correspondance active avec le professeur dont il suivait assidûment les leçons, et après plusieurs essais, tentés, à l'aide des procédés Barruel, par MM. Crespel et Parsy, les deux jeunes fabricants furent obligés de renoncer à une fabrication compliquée et qui était loin de leur donner les résultats avantageux des procédés *qu'ils avaient inventés*. Enfin, en 1812, M. Benjamin Delessert annonçait à l'Empereur le premier succès qu'il venait d'obtenir dans sa raffinerie de Passy.

Ici je m'arrête un instant pour faire une remarque, qui a réellement un intérêt historique. Les travaux et les résultats de MM. Crespel et Parsy datent de 1809, et surtout de 1810 ; le fait est certain et certifié par un grand nombre de lettres autographes. En 1812, l'empereur Napoléon semble l'ignorer complétement, il ne s'en préoccupe pas ; l'intention cependant ne lui manque pas, et la preuve la voici : c'est que, le 2 janvier 1812, Chaptal annonce à l'Empereur le succès de M. Benjamin Delessert, et Napoléon s'écrie : Il faut aller voir cela, partons !

On arrive, Napoléon examine tout, il est ravi, il détache de sa poitrine la croix d'honneur et la remet à M. Delessert. Cette récompense, je le demande, devait-elle appartenir au fabricant de Passy ou à M. Crespel...? A celui qui avait le premier atteint le but, ou à celui qui n'y avait touché que longtemps après.

Tout ceci est de l'histoire que je dois rappeler au souvenir des personnes que ces grandes questions intéressent; mais comme je ne veux parler, dans cet opuscule, que des travaux du véritable père de l'industrie sucrière en France, on me pardonnera de passer légèrement sur les efforts des autres fabricants, à moins de corrélation trop immédiate.

Encouragés par leurs premiers succès, MM. Crespel et Parsy, dès l'année 1810, fondent à Lille, dans la rue de l'Arc, un établissement dans lequel ils réunissent tous les éléments de fabrication propres à la mise en œuvre de leurs procédés, et, dès la première année (1811), ils fabriquent 10 à 12 milliers de sucre livrables au commerce au prix de 6 à 7 fr. le kilogramme.

Fait intéressant à constater, c'est que M. Crespel n'eut connaissance des travaux d'Achard qu'en 1811. Qu'on juge de son étonnement, quand il eut la conviction d'avoir deviné, lui, simple praticien, ce que le savant chimiste avait découvert à l'aide de ce divin flambeau qu'on nomme la science, non-seulement sous le rapport de la cristallisation, mais encore sous celui des applications mécaniques. Une chose manquait encore cependant, c'était le moyen de séparer exactement la mélasse du sucre ; ce moyen présentait de grandes difficultés d'exécution, et néanmoins, avec son infatigable ardeur, M. Crespel parvint, à l'aide de la presse à vis, à un résultat inespéré ; il inventa de plus une machine propre à détacher les cristaux, et dès lors son but fut atteint.

Parsy mourut en 1812. M. Crespel, privé de ce précieux concours, s'adjoignit alors son beau-frère, M. Dellisse.

Dès 1811, M. Crespel faisait la première application du noir animal à la clarification des jus.

C'est à Howitz que l'on doit la découverte des propriétés du charbon en poudre pour décolorer les substances végétales et animales, et leur enlever, en même temps, leurs odeurs. En 1791, Howitz, décolora par ce moyen la gomme arabique, la gélatine, la bière, le lait, le vin rouge, le vinaigre et la teinture de cochenille. Mais la plupart de ces substances se trouvèrent décomposées.

En 1810, Figuier, professeur de chimie à Montpellier, après avoir répété les expériences de Howitz,

essaya le charbon animal et lui reconnut une propriété décolorante plus énergique que celle du charbon végétal.

Ces faits arrivèrent à la connaissance de M. Crespel
par la voie de la presse, et c'est alors qu'il se procura
chez M. Brame-Labetoux, droguiste à Lille, du noir
animal (vendu alors sous le nom de noir d'ivoire, et
qu'il faisait venir d'Anvers) à l'aide duquel il est parvenu à des résultats qui ont permis à ses produits
d'occuper le premier rang dans le commerce.

En 1812, M. Charles Derosne, envoyé par Chaptal à
Lille pour y fonder une fabrique impériale de sucre
indigène, apprit que l'usine de M. Crespel-Dellise mar-
chait depuis deux ans. Il se rendit auprès de lui, étu-
dia pendant une saison ses procédés de fabrication, et
sur les observations de l'éminent mécanicien, le projet
de la fabrique impériale fut abandonné.

Tous les sucres fabriqués dans la campagne de 1812,
par M. Crespel-Dellisse furent cédés à MM. Tilloy
frères, qui en tirèrent sur la place un excellent parti.

En 1813, la fabrique fit merveille : sous la direction
de M. Crespel, M. Dellisse, son beau-frère, et M. Crespel jeune, élevaient, moyennant le cinquième des produits pour le compte de M. Levêque, de Toulet-les-
Amiens, et de M. Ledru, d'Arras, deux nouvelles fabriques de sucre indigène.

Enfin l'année 1814 arriva, les capitaux se cachèrent,

les événements politiques devinrent désastreux pour
l'industrie. M. Dellisse, le beau-frère de M. Crespel
voulut rompre son association, il était découragé, si
bien qu'une liquidation eut lieu ; 100 milliers de sucre
furent vendus au quart de valeur, et M. Crespel fut
obligé de rester seul, réduit à des ressources bien res-
treintes et à la veille d'une ruine qui paraissait immi-
nente.

Mais on ne saurait faire rétrograder les hommes
qui ont la foi, on ne saurait les arrêter dans leur essor:
la vue des supplices ne fit pas reculer les apôtres, la
vue de la perte d'une fortune honorablement et glo-
rieusement acquise ne put ébranler M. Crespel dans
ses convictions [1].

Avec la restauration, les denrées coloniales, et en
particulier le sucre, arrivèrent dans nos ports en abon-
dance ; il y avait donc réellement danger à vouloir
lutter. Pour échapper aux tracasseries et aux remon-
trances de sa famille, qui lui représentait la fâcheuse
position dans laquelle il allait se trouver, M. Crespel
cru devoir quitter Lille pour aller fonder à Arras un
autre établissement.

On était en 1815, les mers venaient d'être ouvertes
au commerce, le sucre arrivait à foison, la fabrication
indigène n'était pas assez forte pour lutter ; aussi un
grand nombre d'usines nouvelles cessèrent leurs tra-

1. Première ruine.

vaux, il s'en suivit des faillites et des déconfitures désastreuses. Les cultivateurs qui livraient des betteraves aux manufacturiers renoncèrent alors à une culture qui ne leur avait procuré que des déboires, si bien qu'arrivé à Arras, M. Crespel fut obligé de cultiver lui-même afin de pouvoir donner à sa fabrication les alimens nécessaires au travail de son usine.

En cette année de 1815, la récolte eut lieu en octobre et la fabrication obtint un succès complet : 11,000 kilogrammes de sucre de très-belle qualité sortirent de l'établissement de M. Crespel. De ses mélasses il fit des eaux-de-vie ; mais, la régie voulant le tracasser sur la perception de l'impôt, il préféra vendre les appareils distillatoires et faire écouler dans la rivière le Crinchon les 3/6 qu'il possédait, afin de se débarrasser des incessantes visites des employés.

En 1816, autre calamité. Les gelées font sentir leur influence sur la betterave ; la disette de la plante racine devint générale, et la fabrication s'en ressentit en proportion. Dans cette malheureuse année, M. Crespel, ne put produire que 8,000 kilogrammes de sucre.

Les années 1817 et 1818 vinrent récompenser l'infatigable industriel. Tout était en ruine autour de lui, toutes les fabriques avaient sombré dans le naufrage, lui seul avait su résister à la tempête. Deux excellentes récoltes lui permirent de produire d'importantes quantités de sucre et de compenser un peu les années perdues. Dès ce moment, le courage de l'habile fabricant redouble, la nature vient à son aide et une voie prospère semble s'ouvrir devant lui.

Mais si le ciel était propice à ses efforts, il n'en était pas de même de ceux qui l'entouraient. L'envie et la jalousie, deux misérables passions, s'il en fut, fermentaient dans l'esprit de ses voisins. Une plainte fut adressée à l'administration locale, pour faire déclarer la sucrerie de M. Crespel-Dellisse incommode et insalubre.

M. le comte Siméon, alors préfet du Pas-de-Calais, fit tous ses efforts pour arrêter les réclamations, et il ne fallut pas moins que la visite du duc d'Angoulême pour mettre à néant les sottes réclamations d'un public prévenu.

Le duc d'Angoulême visita l'usine Crespel, il en suivit les opérations avec le plus vif intérêt. Sa protection une fois assurée à cette branche d'industrie, des échantillons de sucre indigène lui furent adressés ainsi qu'au ministre de l'intérieur, et de chaleureux éloges vinrent non-seulement récompenser M. Crespel-Dellisse, mais eurent encore pour conséquence de le faire acclamer par ceux qui l'avaient tout d'abord honni et conspué... triste retour des choses d'ici-bas.

Je dois noter en passant que M. Crespel était alors, en France, depuis 1815, le seul fabricant de sucre de betterave.

Me voici arrivé à l'année 1820, la production va toujours en progressant. Les agriculteurs s'aperçoivent enfin que la culture de la betterave peut, non-seulement entrer dans tous les assolements et qu'elle n'épuise pas le sol, mais encore qu'elle augmente d'une manière considérable l'alimentation des bestiaux. De là, augmentation du fermage du sol et accroissement proportionnel de la valeur vénale des propriétés.

C'est en 1820 que M. Crespel-Dellisse, profitant des progrès de la mécanique, change tout son matériel : si bien qu'aux presses à vis il substitue les presses hydrauliques, que les chaudières ordinaires sont remplacées par des chaudières à bascules, qu'il construit de nouvelles cuves à défécation, et qu'enfin il introduit la vapeur dans toutes ses usines.

De 1821 à 1827 les progrès vont toujours croissant. A la première date, M. Crespel monte à Blangy, près Arras, une nouvelle usine pour M. Dufour. A la seconde date (1827), son établissement reçoit la visite du roi Charles X.

Ainsi donc, dès 1818, les souverains semblent comprendre qu'une grande puissance fait son apparition dans le monde, et que cette puissance est appelée, à un certain moment, à concilier tous les intérêts, toutes les passions, toutes les luttes ; qu'elle doit hâter, par son influence, la fusion de tous les efforts combinés du genre humain ; cette puissance, on l'a deviné, c'est l'industrie.

En 1828, M. Crespel cultivait en partie la betterave consommée par sa fabrication : il était alors à sa dix-neuvième campagne, et il produisait à cette époque 319,000 kilogrammes de sucre brut.

A cette même date, il existait en France 39 fabriques de sucre indigène, produisant 1,218,000 kilogrammes. Ceci résulte d'une lettre insérée dans les annales de chimie et de physique, etc., adressée par M. Crespel à M. Gay-Lussac. — Les 350 fabriques qui existaient en 1861 produisaient 130 millions de kilogrammes.

Il me semble essentiel ici, pour suivre avec intérêt les documents qui se rapportent à M. Crespel-Dellisse, de donner la statistique du nombre de fabriques de sucre de betterave en activité depuis 1827, et, pour compléter ce premier tableau, la consommation totale du sucre en France de 1816 à 1860, et enfin, 1° la production moyenne du sucre de canne en 1856 ; 2° la production totale dans le monde entier, et 3° la consommation annuelle chez les différents peuples qui couvrent la superficie terrestre.

NOMBRE DE FABRIQUES EN ACTIVITÉ ET PRODUCTION.

Années.	Nombre de fabriques en activité.	Production.
1827	39	1,218,000
1828	58	2,685,000
1836	58	49,000,000
1838	555	47,106,000
1841	386	26,842,000
1845	303	37,019,000
1849	288	54,551,000
1856	345	92,000,000
1858	340	151,514,000
1859	349	132,650,000
1860	336	126,180,000

CONSOMMATION TOTALE DU SUCRE EN FRANCE DE 1816 A 1860.

Années.	Consommation du sucre en France.
1816.	24,590,000
1820.	48,616,000
1822.	55,481,000
1825.	56,080,000
1827.	60,317,000
1836.	80,200,000
1840.	124,700,000
1845.	118,254,000
1849.	115,955,000
1856.	170,000,000
1858.	202,220,000
1859.	208,000,000
1860.	216,000,000

PRODUCTION MOYENNE DU SUCRE DE CANNE EN 1856.

Cuba.	354,347,000 kilogr.
Porto-Rico	53,377,000
Brésil	105,603,000
États-Unis	115,713,000
Colonies françaises	94,000,000
Colonies danoises.	11,204,000
Colonies hollandaises	18,291,000
Colonies anglaises (moins Maurice).	147,911,000
Indes orientales.	58,383,000
Maurice	106,000,000
Java.	68,240,000
Manille	48,422,000
Total.	1,184,491,000

PRODUCTION TOTALE DANS LE MONDE ENTIER.

Sucre de canne	1,950,000,000 kilogr.
Sucre de betterave	480,000,000
Sucre de palmier.	100,000,000
Sucre d'érable	20,247,000
Total.	2,550,247,000

CONSOMMATION ANNUELLE CHEZ LES DIFFÉRENTS PEUPLES.

Par tête.	Cuba	28 kilogr.
—	Angleterre et Écosse	15
—	Hollande	8
—	France	6
—	Belgique, Espagne et Suisse	3
—	Portugal, Danemarck, Pologne.	2,5
—	Prusse, Suède, Norwége.	1,5
—	Italie, Autriche, Russie.	1

J'ajouterai, en terminant l'exposé de cette statistique, qu'il résulte d'une note de M. Crespel-Dellisse (note que j'ai sous les yeux) que le sucre brut se vendait en 1812, de 5 à 7 fr. le kilogramme; en 1813, de 5 à 6 fr.; en 1814, de 2 à 3 fr. Le sucre raffiné valait en 1812, 12 fr. le kilogramme et 5 fr. en 1814.

Cette même année 1828, le gouvernement, en présence d'un grand nombre de réclamations, ouvrit une enquête, à l'effet de savoir s'il n'y aurait pas urgence à imposer le sucre de betterave?

Les fabricants français, M. Crespel à leur tête, furent appelés devant la commission pour y défendre leurs intérêts, et à cette occasion l'éminent industriel publia un excellent mémoire, dans lequel il défendit avec une rare énergie et une haute sagacité la liberté de fabrication du sucre indigène.

Dans ce mémoire, M. Crespel démontre qu'en 1828 nous sommes tributaires de l'étranger pour 944,376 kilogrammes; que la culture de la betterave doit conduire l'agriculture française à l'abolition des jachères, dont la conséquence sera pour le pays la faculté de recevoir et de nourrir une population triple de celle qu'il possède. « Laissez faire, ajoute M. Crespel, et laissez passer encore quelques années, et vous verrez surgir du sol français des ressources dont naguère on ne se doutait pas; mais que le gouvernement ait la prudence de ne pas écraser notre enfance, et sache attendre notre virilité. Alors il sera juste que nous soutenions l'État, alors aucun de nous ne s'y refusera ; nous serons sortis par de pénibles recherches et par de dispendieuses expériences des langes de pratiques jusqu'ici si incertaines. »

La loi d'impôt fut ajournée, et le moyen de perception par l'exercice repoussé à l'unanimité.

Avant d'aller plus loin, établissons ce fait, qu'écrire l'histoire du sucre indigène, c'est faire l'histoire de M. Crespel et réciproquement. La vie de M. Crespel appartient au développement de cette production, soit comme fabricant, soit comme défenseur des droits que la fabrication avait lieu d'attendre du gouvernement.

De 1828 à 1830, la production du sucre de betterave prend un déloppement considérable; des fabriques s'élèvent de toutes parts, et les différentes usines de M. Crespel se transforment en autant d'écoles normales. Outre les élèves français, on y compte un grand nombre d'étrangers : prussiens, bavarois, italiens, polonais et russes. A Arras, vingt-deux élèves suivent la fabrication, il en est de même à Neuville-Saint-Vaast, à Sailly, à Villeselve, à Roye, à Francières, à Saully et jusque dans les raffineries, sans préjudice des élèves de l'industrie agricole cultivant à cette époque 2,200 hectares de terre, produisant en moyenne '12,000 hectolitres de blé et 36,000,000 de kilogrammes de betteraves.

Me voici à la grande crise de 1830. Quantité d'usines cessent d'exister, les différents établissements de M. Crespel sont du petit nombre de ceux qui résistèrent à l'orage ; sa position, à ce moment est même si prospère qu'il refuse de prendre part à la distribution des 30 millions qui furent, à cette époque, prêtés à l'industrie.

J'arrive ainsi à l'année 1835. Cette date est importante à noter, car elle me rappelle le nouveau projet d'impôt qui fut présenté aux chambres et qui, pour la seconde fois, fut ajourné.

Il fut repris en 1836, avec une persistance qui devait enfin aboutir. Pour la deuxième fois une enquête eut lieu, les fabricants furent de nouveau appelés, afin que leurs déclarations vinssent à l'appui du rapport dont M. Dumon avait été chargé. Les documents qui résultèrent de cette enquête me paraissent faire partie intégrante de l'histoire du sucre de betterave, non-seulement au point de vue de sa fabrication, mais encore au point de vue de la culture en général ; aussi je crois devoir reproduire ici les réponses des fabricants aux questions qui leur furent posées :

1re *Question* : Quel est le rendement moyen d'un hectare en betterave?

RÉPONSES :			
Pas-de-Calais	35,000 kilogr. en moyenne.		
Aisne.	27,500	—	—
Oise	18,300	—	—
Nord.	35,000	—	—
Somme.	25,1C6	—	—
Eure-et-Loir	9,000	—	—
Seine-et-Oise	27,500	—	—
Cher	38,000	—	—
Seine-et-Marne	30,000	— ·	—

2me *Question* : Quels sont les frais de culture y compris la mise en silos?

RÉPONSES :			
Pas-de-Calais. .	160 fr. 40 c.	l'hectare en moyenne, non compris le fumier.
Aisne	191	75
Oise.	459	»	fermage de la terre payé.
Nord.	227	50	l'hectare en moyenne, non compris le fumier.
Somme	360	»	dito, compris le fumier.
Eure-et-Loir . .	317	»	— —
Seine-et-Oise. .	382	»	— —
Cher.	450	»	— —
Seine-et-Marne.	118	»	dito, non compris le fum.
Drôme et Isère .	356	»	dito, compris le fumier.

3me *Question :* Quelle était, avant la culture de la betterave, la valeur moyenne locative de l'hectare?

RÉPONSES : Pas-de-Calais. .	62 fr.	70 c.	l'hectare en moyenne.	
Aisne	54	75	—	—
Oise.	70	»	—	—
Nord.	85	»	—	—
Somme	49	30	—	—
Eure-et-Loir . .	55	»	—	—
Seine-et-Oise. .	80	»	—	—
Cher.	13	35	—	—
Seine-et-Marne .	16	90	—	—
Drôme et Isère .	110	» .	—	—

4me *Question :* Quel est l'accroissement qu'a produit la culture de la betterave dans la valeur locative de l'hectare? Quel est celui de la valeur vénale?

RÉPONSES : Pas-de-Calais. . 25 p. 0/0. Placement à 1 1/2, au lieu
de 4 p. 0/0.

Aisne . . . . . . 43 p. 0/0. De 3,000 fr., l'hectare s'est
élevé à 3,800 fr.

Oise. . . . . . 33 p. 0/0. Valeur vénale, 50 p. 0/0
de hausse.

Nord. . . . . . 40 p. 0/0. dito. dito.

Somme . . . . 37 p. 0/0. Valeur vénale, 33 p. 0/0
de hausse.

Eure-et-Loir . . Néant. Néant.

Seine-et-Oise. . 50 p. 0/0. Valeur vénale, 50 p. 0/0
de hausse.

Cher. . . . . . 75 p. 0/0. Valeur vénale, 75 p. 0/0
de hausse.

Seine-et-Marne . 45 p. 0/0. Néant.

Drôme et Isère . 25 p. 0/0. Néant.

2.

5me *Question* : Quel est l'impôt pour un hectare?

RÉPONSES : Pas-de-Calais.	.	7 fr.	4 c. de l'hectare en moyenne.	
Aisne	.	8	50	—	—
Oise		12	»	—	—
Nord.		12	72	—	—
Somme		10	50	—	—
Eure-et-Loir . .		Néant.		—	—
Seine-et-Oise. .		13	50	—	—
Cher.		2	50	—	—
Seine-et-Marne .		3	50	—	—
Drôme et Isère .		Néant.		—	—

6me *Question* : Quel est le prix de 1,000 kilos de betteraves rendus à la fabrique?

RÉPONSES : Pas-de-Calais.	.	15 fr.	» les 1,000 kil. en moyenne.	
Aisne		15	50	—	—
Oise		19	60	—	—
Nord.		18	90	—	—
Somme		18	35	—	—
Eure-et-Loir . .		20	»	—	—
Seine-et-Oise. .		20	»	—	—
Cher.		14	»	—	—
Seine-et-Marne .		14	»	—	—
Drôme et Isère .		20	»	—	—

7me *Question* : Quelle est la position la plus avantageuse de l'agriculteur fabricant, qui cultive, récolte et emploie ses racines, ou de l'industriel qui fabrique en achetant les betteraves ?

Réponses : Unanimes pour tous les départements :

Celui qui achète et ne cultive pas, se trouve dans une très-mauvaise position.

8ᵐᵉ *Question* : Quelle est à peu près la valeur capitale d'une exploitation agricole de 100 hectares en bâtiments, bestiaux et attirails?

Réponses :

Pas-de-Calais. .	60,000 fr.	pour 100 hect., 100,000 fr. pour 200 hectares.
Aisne	57,000	pour 100 hectares, non compris les bestiaux.
Oise.	60,000	pour 100 hectares, non compris les bâtiments.
Nord	57,700	dito. dito.
Somme	48,000	dito. dito.
Eure-et-Loir . .	55,000	dito. dito.
Seine-et-Oise. .	56,000	dito. dito.
Cher.	Néant.	Néant.
Seine-et-Marne.	33,816	pour 100 hectares, non compris les bâtiments.
Drôme et Isère .	18,000	dito. dito.

9ᵐᵉ *Question :* Dans quelle proportion la culture de la betterave et la fabrication du sucre permettent-elles d'augmenter le nombre des bestiaux dans une exploitation agricole? — Quel était le nombre de bestiaux

dans une exploitation de 100 hectares avant l'introduction de cette industrie?

RÉPONSES : Pas-de-Calais. .   Augmentation quadruple.

Aisne . . . . .   850 moutons, 20 vaches, 24 bœufs au
lieu de 250 moutons, et 12 vaches.

Oise. . . . . .   400 moutons au lieu de 50.

Nord. . . . . .   Augmentation de 100 à 400 p. 0/0.

Somme. . . . .   Augmentation de 33 à 75 p. 0/0.

Eure-et-Loir . .   De la nourriture ordinaire, l'exploitation passe à l'engraissage.

Seine-et-Oise. .   Augmentation de 60 p. 0/0.

Cher. . . . . .   Augmentation de 400 p. 0/0.

Seine-et-Marne .   Néant.

Drôme et Isère .   Néant.

10me *Question* : Quelle est la valeur capitale d'une
usine et de tout son matériel en machines, bâtiments,
etc., pour une fabrication d'au moins 100,000 kilos
de sucre?

RÉPONSES : Pas-de-Calais. .   120,000 fr. en moy. pour 100,000 k.
de sucre.

Aisne	90,000	dito.	dito.
Oise.	180,000	dito.	dito.
Nord.	106,000	dito.	dito.
Somme	124,950	dito.	dito.
Eure-et-Loir . .	66,000	dito.	dito.
Seine-et-Oise. .	65,000	dito.	dito.
Cher	150,000	dito.	dito.
Seine	70,000	dito.	dito.
Seine-et-Marne .	120,000	dito.	dito.
Drôme et Isère .	110,000	dito.	dito.

11me *Question* : Quel serait le montant des dépenses annuelles de fabrication, déductions faites des pulpes et mélasses?

Quel est, par suite, le coût d'un kilogramme de sucre?

RÉPONSES : Pas-de-Calais. .	» 74 c. le kilogramme en moyenne.		
Aisne	» 76	—	—
Oise.	» 90	—	—
Nord.	» 82	—	—
Somme	» 74	—	—
Eure-et-Loir . .	» 90	—	—
Seine-et-Oise. .	» 90	—	—
Cher.	1 »	—	—
Seine	Néant.	—	—
Seine-et-Marne .	» 90	—	—
Drôme et Isère .	» 90	—	—

12me *Question* : Quel est le fonds de roulement nécessaire pour une fabrication de 100,000 kilogrammes de sucre?

RÉPONSES : Pas-de-Calais. .	63,750 fr. en moy. pour 100,000 kil. de sucre.		
Aisne et Oise. .	50,000	dito.	dito.
Nord.	76,604	dito.	dito.
Somme	60,000	dito.	dito.
Eure-et-Loir . .	100,000	dito.	dito.
Seine-et-Oise. .	300,000	dito.	dito.
Cher.	150,000	dito.	dito.
Seine	50,000	dito.	dito.
Drôme et Isère .	100,000	dito.	dito.
Seine-et-Marne .	62,500	dito.	dito.

13ᵐᵉ *Question* : Quelle est la moyenne du rendement du sucre brut, par 100 kilogrammes de betteraves ?

Réponses :			
Pas-de-Calais. .	4,60 p. 0/0	35 p. 0/0	de mélasse[1].
Aisne	4,75 p. 0/0	40 p. 0/0	—
Oise.	5,75 p. 0/0	35 p. 0/0	—
Nord	4,50 p. 0/0	35 p. 0/0	—
Somme	4,50 p. 0/0	25 p. 0/0	—
Eure-et-Loir . .	5 p. 0/0	Néant.	
Seine-et-Oise. .	4,75 p. 0/0	—	
Cher.	4,50 p. 0/0	—	
Seine	4,50 p. 0/0	—	
Seine-et-Marne .	4,50 p. 0/0	—	
Drôme et Isère .	4,50 à 5,50 p. 0/0	25 p. 0/0 de mél.	

14ᵐᵉ *Question* : Combien faites-vous de qualités de produits ?

Réponses :	
Pas-de-Calais. .	M. Crespel fait trois qualités, d'autres fabricants n'en font qu'une.
Aisne	De même dans ce département.
Oise.	Ce département fabrique de la qualité ordinaire.
Nord et Somme.	Trois qualités.
Eure-et-Loir . .	—
Seine-et-Oise. .	Deux et trois qualités.
Cher et Seine. .	Trois qualités.
Drôme et Isère .	Deux qualités.

---

1. En particulier, M. Crespel obtenait constamment dans ses fabriques 6 p. 0/0 dans le Pas-de-Calais, 4 p. 0/0 dans l'Aisne, et 7 p. 0/0 dans l'Oise.

15ᵐᵉ *Question* : Quel est le prix moyen de vente?

RÉPONSES : Pas-de-Calais, le sucre de ce département vaut à Paris,
104 fr. » les 100 kilos bruts.

Aisne,	dito.	93	»	—	moyenne.
Oise,	dito.	94	»	—	—
Nord,	dito.	102	75	—	—
Somme,	dito.	91	25	—	—
Eure-et-Loir,	dito.	104	60	—	—
Seine-et-Oise,	dito.	117	»	—	—
Cher,	dito.	84	»	—	—
Seine-et-Marne,	dito.	82	»ᶜ	—	—
Drôme et Isère,	dito.	100	»	—	—

16ᵐᵉ *Question* : Quels sont les frais de vente tels qu'escompte, commission, transports, etc.

RÉPONSES : Pas-de-Calais, les frais de vente varient entre
17 et 19 1/2 p. 0/0.

Eure-et-Loir,	dito.	17	p. 0/0.
Seine-et-Oise,	dito.	14	p. 0/0.
Cher,	dito.	18	p. 0/0.

17ᵐᵉ *Question* : Quelle serait l'influence du droit proposé sur les grandes, moyennes et petites fabriques?

RÉPONSES : Pas-de-Calais. La mort de toutes les fabriques.

Nord. L'impôt serait la mort de la plupart des fabriques.

Somme. Il y aurait urgence à ajourner la question.

Eure-et-Loir et Seine-et-Oise. Même réponse.

> Cher. Personne n'est en état de supporter l'impôt.
>
> Seine-et-Marne. L'effet de la loi sera de tuer l'indus-
> trie du sucre indigène au profit des
> États-Unis.
>
> Cher. Aucune fabrique ne pourra supporter l'impôt.

18me *Question* : Dans quel rapport placez-vous le sucre indigène et le sucre colonial ?

> RÉPONSES : Pas-de-Calais. Il y a 10 fr. de différence de l'un à l'autre.
>
> Aisne, Oise, Nord, Eure-et-Loir, Seine-et-Oise. Même différence avec variations.
>
> Cher. Il y a 10 à 12 fr. de différence par 100 kilos.
>
> Seine. Sucre indigène, 80 à 96 fr. les 100 kilos; colonial, 72 fr. les 50 kilos.
>
> Seine-et-Marne. Il y a 8 à 10 fr. de différence.
>
> Drôme et Isère. Néant.

19me *Question* : Quelle est la différence de rendement à la raffinerie?

> RÉPONSES : Pas-de-Calais. Néant.
>
> Aisne. Sucre brut colonial, 50 p. 0/0 de sucre raffiné. Sucre brut indigène, 55 p. 0/0 — —
>
> De plus, le sucre de betterave cristallise encore, lorsque celui de canne ne le peut plus.
>
> Même réponse pour les autres départements.

20me *Question* : Quel serait le mode d'impôt? Quelle en serait la quotité?

> RÉPONSES : Pas-de-Calais. Il est impossible d'asseoir un droit ni sur les chaudières de défécation, ni sur les formes.

Aisne et Oise. La fabrique déclare qu'elle n'est pas
en mesure de supporter l'impôt.

Eure-et-Loir. L'exercice n'est pas possible, tant qu'il
y aura contact entre le sucre colo-
nial et le sucre indigène.

Seine-et-Oise. Un impôt ne saurait être établi dans
l'état actuel de l'industrie.

Cher. Le moment n'est pas venu de chercher
un mode d'impôt.

Seine-et-Marne. S'il doit y avoir un droit, il vaudrait
mieux l'établir sur les betteraves.

A propos de cette vingtième question, voici comment s'exprimait M. Crespel-Dellisse, le 5 décembre
1835, dans une lettre adressée à la Chambre des
pairs et à la Chambre des députés.

« Il est un point surtout, messieurs, sur lequel j'ose-
« rai vivement réclamer toute votre attention, c'est
« qu'un impôt sur le sucre indigène, quelque minime
« qu'il soit, nous portera un coup mortel, si la percep-
« tion doit se faire par l'exercice arbitraire des droits
« réunis, tandis qu'établi par licence ou patente, sa con-
« séquence, toujours fatale à notre industrie, n'aura
« du moins pour effet que d'en faire languir le déve-
« loppement.

« Si, contre notre attente, contre l'espoir que nous
« conservons tous encore, vous jugez que le temps
« est venu pour nous de nous résigner à une diminu-
« tion dans les prix de nos produits, placés dans cette
« nécessité, nous ne balancerions pas à invoquer plu-

« tôt une diminution des droits d'entrée sur les
« sucres de nos colonies ; alors, du moins, il nous res-
« terait l'espoir qu'une augmentation de consomma-
« tion permettrait de réparer, en partie, nos pertes en
« imprimant une nouvelle activité à nos fabriques. »

A cette lettre était joint un mémoire présenté par
le signataire au congrès scientifique de Douai, et dans
lequel M. Crespel arrivait aux conclusions suivantes :

1° L'état d'expériences et de recherches dans lequel
se trouve aujourd'hui la fabrication du sucre indigène,
ne permet de la ranger qu'au nombre des industries
naissantes.

2° Les immenses services que la fabrication a rendus et ceux qu'elle est encore appelée à rendre au
pays, lui méritent toute la protection du gouvernement ; diminuer cette protection, ce serait porter atteinte en même temps à l'agriculture, au commerce et
à l'industrie.

3° Imposer le sucre indigène serait porter un coup
fatal à l'agriculture, qu'on priverait ainsi d'un moyen
incomparable d'amélioration.

4° La perception d'un impôt sur le sucre indigène
ne peut manquer d'être vexatoire, impraticable et
incompatible avec les intérêts du pays.

Enfin, le 10 avril 1836, au moment où le projet de

loi allait être mis en discussion, l'honorable fabricant déclarait au milieu d'une réunion de quatre-vingt-dix de ses confrères :

« Que l'établissement d'un droit aurait pour résultat la destruction de l'industrie indigène ; qu'il lui paraîtrait juste que l'on avouât franchement le but qu'on se propose d'atteindre est que l'on accordât à ceux qui, sur la foi des encouragements donnés par le gouvernement lui-même, se sont livrés à cette industrie, une indemnité pour les frais qu'ils ont faits. Quant à moi, dit M. Crespel en terminant, j'ai reçu beaucoup de propositions pour transporter cette industrie à l'étranger ; jusqu'à présent je les ai refusées, mais l'établissement d'un droit me mettra dans la nécessité de les accepter. Je fermerai toutes mes fabriques en France, une seule exceptée, celle qui n'a jamais cessé de subsister et que je tiens à honneur de maintenir. Je trouve étonnant que la France fasse la guerre à l'industrie du sucre de betterave, au moment où on veut l'importer en Amérique, dans la prévoyance que la destruction de l'esclavage amènera celle de la fabrication du sucre de canne. Il y a, en effet, depuis deux ans, dans ma fabrique, un Américain, M. Pedder, qui a été envoyé par la Société abolitionniste de Philadelphie, pour étudier mes procédés de fabrication. »

Comme on le voit, c'est surtout dans les circonstances difficiles, que M. Crespel-Dellisse a su trouver le plus d'énergie. Mais, malgré tous ses efforts et ses protestations, la loi d'impôt fut votée, le 18 juillet 1837, à la majorité d'une seule voix, non pas la loi du dégrèvement des sucres coloniaux, mais la loi de l'exercice avec ses formes brutales et son cortége de mesures vexatoires.

Voici, du reste, le texte de l'article premier, qui résume tout l'édifice de l'impôt en matière de sucre indigène.

Article premier. — Il sera perçu par la régie des contributions indirectes sur les sucres indigènes, savoir :

1° Un droit de licence de 50 fr. par chaque établissement de fabrication de sucre indigène ;

2° Un droit en principal de 15 fr. par 100 kilog. de sucre brut.

Le rendement moyen du sucre brut aux clairçage, terrage et raffinage, sera déterminé par un règlement d'administration publique, qui sera converti en loi à la prochaine session. La quotité d'impôt à laquelle les sucres claircés, terrés et raffinés seront assujétis, sera fixée proportionnellement à ce rendement.

L'ordonnance du 4 juillet 1838 forme la seconde phase de la législation sur la matière. L'art. 2 de cette ordonnance est ainsi conçu :

Art. 2. — Il sera formé un type pour déterminer la

nuance des sucres soumis au droit imposé au sucre
brut par ladite loi, à savoir : de 10 fr. par 100 kilog.
à partir du 1er juillet 1838, et de 15 fr. à partir du
1er juillet 1839.

Le même droit sera appliqué à toutes les qualités
inférieures.

Pour déterminer la quotité proportionnelle d'impôt
à percevoir en exécution de ladite loi, sur les sucres
claircés, terrés et raffinés, il sera formé deux types de
nuances supérieures, dont la valeur excédera celle du
titre du sucre brut, pour le premier d'un sixième, et
pour le second d'un tiers.

En conséquence, le droit sur les sucres compris
entre le premier et le deuxième type inclusivement
sera de 11 fr. 10 c. par 100 kilog. à partir du 1er juillet 1838, et de 16 fr. 65 c. à partir du 1er juillet 1839.

Le droit sur les sucres compris entre le second et
le troisième type inclusivement sera de 12 fr. 20 c.
pour 100 kilog. à partir du 1er juillet 1838, et de
18 fr. 30 c. à partir du 1er juillet 1839.

Le droit sur les sucres d'une nuance supérieure au
troisième type et sur les sucres en pains, quelle qu'en
soit la nuance, sera de 13 fr. 30 c. par 100 kilog. à
partir du 1er juillet 1838, et de 20 fr. à partir du
1er juillet 1839.

Le tout, sans préjudice du décime par franc.

La troisième phase de l'impôt sur les sucres indigènes est représentée par l'art. 5 de la loi du 3 juillet 1840, dont voici la teneur :

A partir de la promulgation de la présente loi, le droit de fabrication sur le sucre indigène de toute espèce, établi par la loi du 18 juillet 1837, sera perçu d'après les types formés en exécution de l'ordonnance du 4 juillet 1838 et conformémennt au tarif ci-après :

1° Sucres au premier type et toutes les nuances inférieures . . . . 25 fr. »

2° Sucres au-dessus du premier type, jusqu'au deuxième inclusivement 27 75

3° Sucres au-dessus du deuxième type jusqu'au troisième inclusivement 30 50

4° Sucres d'une nuance supérieure au troisième type et sucres en pains inférieurs au mélis ou quatre cassons 33 50

5° Sucres en pains mélis ou quatre cassons et sucres candis. 36 10

L'impôt, dès ce moment, prend des allures sérieuses, et son application va devenir une cause de ruine pour la plupart des fabricants.

Par le fait même de son immense exploitation, M. Crespel-Dellisse fut la première victime de l'exercice ; c'est ainsi que dès 1839, il était obligé de prendre plus de 300,000 francs sur ses bénéfices ; en

1840, plus d'un million passa à l'acquittement de l'impôt, et 1,539,000 francs furent versés en 1841, par M. Crespel dans les caisses de l'État : soit, en deux ans, le chiffre énorme de 2 millions 839,000 francs.

L'industrie sucrière indigène comprit alors sa détresse ; les nombreux élèves qui travaillaient dans les usines de M. Crespel se retirèrent, désespérant de fonder sur l'industrie de la betterave l'avenir qu'ils avaient cru d'abord entrevoir.

En 1838, on comptait en France 555 fabriques en activité ; en 1841, ce chiffre descend à 386 ; en 1841, à 303 ; en 1849, à 228.

C'est en 1842, et en présence de cette détresse, que les fabricants, ayant à leur tête M. Crespel, réclamèrent vainement la suppression de l'impôt ou au moins une indemnité avec égalité des droits.

Dans un prochain chapitre nous énumérerons toutes les tribulations dont M. Crespel-Dellisse a été l'objet de la part de la régie, et nous verrons jusqu'à quel point on a poussé la rigueur envers lui.

Nous sommes en 1844 : l'impôt augmente encore de 5 francs par an, jusqu'à égalité des droits ; de sorte qu'en 1848, M. Crespel acquitte 1,350,000 francs d'impôt ; en 1851, le chef de l'État propose une diminution de 20 francs et le dixième sur tous les sucres ; la Chambre admet une réduction, mais seulement

sur les sucres coloniaux; si bien que M. Crespel,
dans ces conditions de fabrication, paye 200,000
francs par an de plus qu'un manufacturier des colonies fabriquant la même quantité de produits que
lui. Mais, outre cette position désavantageuse, l'administration des contributions indirectes, réunie à
l'administration des douanes, lui succite mille tracasseries qui, comme nous le verrons plus loin,
devaient à un moment donné, amener la ruine du
véritable père de l'industrie sucrière en France; de
celui qui appliqua le premier à l'industrie la belle
découverte de Margraff, et dont la fabrication, depuis 1810, n'a pas cessé un seul instant de fonctionner.

Ici s'arrête l'histoire de l'enfance du sucre de betterave, histoire dans laquelle M. Crespel-Dellisse a joué
le principal rôle, rôle dont la durée embrasse plus
d'un demi-siècle. Malgré les développements que j'ai
donnés à ce chapitre, il me reste beaucoup de choses à
dire, oui, beaucoup de choses, si je voulais tout dire;
mais je me contenterai de suivre M. Crespel-Dellisse
dans ses importants travaux de fabricant, d'éleveur
et de cultivateur, et je glisserai rapidement sur le
réquisitoire.

Le chapitre des récriminations perd, en effet,
beaucoup de son intérêt devant la décision de l'Assem-

blée législative, qui accorde à M. Crespel-Dellisse cette récompense nationale que nous revendiquions déjà pour lui en 1855.

Mais il est telles vérités qui doivent être dites, et elles le seront dans l'intérêt de l'avenir.

III.

M. CRESPEL-DELLISSE,

FABRICANT ET CULTIVATEUR.

Dans le chapitre qui précède, j'ai étudié le sucre de betterave au point de vue de la découverte des péripéties qui ont accompagné son emploi, des taxes énormes dont il a été l'objet, et de l'influence désastreuse que ces taxes ont exercée sur l'avenir de la fabrication. Je vais maintenant parler exclusivement des travaux de l'homme que nous avons désigné sous le nom du père de l'industrie sucrière en France et à l'étranger. La chose en vaut certes la peine, car sans cet homme la culture de la betterave n'aurait pas opéré une véritable révolution agricole d'abord, et l'introduction d'une grande industrie nationale ensuite.

Je commencerai cette nouvelle étude, par la partie agricole, par la production de la matière première; puis, je suivrai celle-ci dans toutes les transformations que l'industrie lui fait subir en vue de la production d'une denrée essentielle , indispensable.

Ce qui distingue surtout l'homme qui nous occupe, c'est qu'il n'est pas arrivé à la perfection d'un seul coup, c'est qu'il n'a pas fait usage de capitaux pris en dehors de ses ressources personnelles; qu'il n'a jamais exposé les capitaux d'autrui et a toujours su s'arrêter à temps dans les circonstances critiques au milieu desquelles l'a souvent précipité la question des sucres. La perfection dans la qualité et dans la quantité des produits a été atteinte lentement, progressivement, comme les choses qui doivent durer ; elle est le fruit d'une patience héroïque, d'une conviction et d'une foi dignes des plus grands éloges : patience, conviction et foi qui, malheureusement comme nous le verrons plus loin, n'ont pas été heureuses pour celui qui, par son génie et son talent, méritait d'en être largement récompensé.

Ainsi que nous l'avons dit plus haut, la fabrication du sucre indigène, organisée par M. Crespel-Dellisse, remonte à 1809. En 1814, ses ateliers furent dévastés par l'invasion étrangère, et le blocus continental une fois levé, le sucre qu'il avait en magasin se vendit 1 franc 50 le kilogramme au lieu de 8 francs qu'il valait la veille ; et M. Crespel avait en magasin 50,000 kilogrammes de la fabrication de 1814.

L'année suivante, M. Crespel transporta son établissement à Arras, et quelques années après, outre huit fabriques de sucre et la raffinerie, il possédait treize exploitations rurales qui suffisaient à l'alimentation de ses usines, dont la production, en 1848, s'élevait à 2,500,000 kilogrammes de sucre acquittant annuellement 1,250,000 francs d'impôts.

Les treize exploitations agricoles de M. Crespel se répartissaient sur les quatre départements suivants :

PAS-DE-CALAIS .	Berneville . . . . . . Beaumets.	237 hect.
	Eaucourt.	130
	Roclincourt	211
	Saulty, terres et bois .	400
	Neuville	95
	Dainville.	120
AISNE.	Frières	144
	Vilquier-Aumont . . .	80
SOMME	Sailly	175
	Roye.	315
OISE	Villeselve	167
	Francières	200
	Total. . .	2,274

En présence de l'immense importance de sa fabrication, M. Crespel-Dellisse dut s'adjoindre un auxiliaire; il le trouva dans son fils, M. Tiburce-Crespel, qui fut exclusivement chargé de la direction des travaux agricoles et que la mort a trop tôt enlevé à la phalange des agriculteurs dont la France a le droit de s'enorgueillir.

M. Crespel, dans les dernières années de son exploitation, cultivait donc l'énorme superficie de 2,274 hectares.

Les deux domaines de Roye et de Francières formant ensemble 515 hectares étaient continuellement cultivés en betterave et cela sans interruption ; il n'y avait donc pas d'assolement ou, en d'autres termes, pas de combinaison de successions, de récoltes à observer, et, chose étrange à constater, c'est qu'il n'y a peut-être que deux plantes qui peuvent continuellement végéter dans le même terrain sans dégénérer, ce sont : la betterave et le chanvre.

Les autres propriétés représentaient donc une étendue immense, sur laquelle M. Crespel avait adopté l'assolement quinquennal suivant :

1re année. Betteraves sur fumier.

2e   —   Betteraves sur compost ou tourteaux.

3e   —   Blé sur lequel on répandait en avril ou mai des cendres pyriteuses.

4e   —   Trèfle, plâtré en avril et mai.

5e   —   Blé cendré en mars ou avril, selon la saison.

Si je consulte un rapport fait en 1849 à la Société centrale d'agriculture de Paris sur les exploitations agricoles de MM. Crespel père et fils, rapport rédigé par le regretté M. Pommier, je trouve que dans l'année

1849, les cultures de ses treize exploitations étaient ainsi réparties :

Blé	368	hect.
Avoine.	101	
Seigle	55	
Betteraves	484	
Prairies	193	
Pommes de terre	8	
Total.	1,209	

Voici maintenant le nombre de bestiaux que M. Crespel entretenait en 1849, sur les sept domaines qui nous occupent.

> 104 chevaux.
> 199 bœufs.
> 14 taureaux servant à la monte.
> 144 vaches et génisses.
> 180 veaux de 18 mois et au-dessous.
> 1,500 moutons.
> 136 porcs.

En 1855, le nombre des bestiaux élevés sur les différents domaines de l'exploitation agricole était de :

> 800 bêtes à cornes.
> 5,000 moutons maigres.
> 6,000 moutons gras.
> 150 bœufs de travail.
> 200 chevaux.

Enfin, pour exécuter ses travaux agricoles et manufacturiers, M. Crespel occupait 2,500 ouvriers.

Les bêtes à cornes étaient de race flamande croisée par des taureaux Durham : des soins assidus, une propreté exceptionnelle, une nourriture spéciale donnèrent en peu d'années à ce croisement un développement extraordinaire et un cachet qui permirent de le désigner sous le nom de leur propriétaire : on disait et on dit encore dans le pays la *race Crespel*.

Cette race enfantée de toute pièce résiste mieux au travail, se maintient toujours dans un excellent état, et le bœuf attelé au collier a un pas plus rapide, plus alerte que celui de la race pure flamande ou de la race pure Durham.

Sur la nourriture des bêtes à cornes élevées par M. Crespel, voici comment s'exprimait M. de Kergorlay, dans un rapport présenté en 1849 à la Société centrale d'agriculture de Paris.

« A peine âgés de vingt-cinq jours, les veaux commencent à avaler 2 ou 3 litres de breuvage fait avec de la graine de lin; la quantité de ce breuvage est augmentée à mesure qu'ils avancent en âge. D'un à deux ans, ils mangent 15 kilogrammes de pulpe de betterave fraîche, 3 kilos de foin haché et 2 kilos de paille hachée trempée avec 750 grammes de mélasse et 25 grammes de sel. Cette nourriture a été supprimée par suite de l'impôt sur la mélasse.

« En été, ils sont nourris avec du trèfle vert et un peu de paille, et la pulpe conservée.

« Les vaches laitières, quand elles n'ont pas de nourriture verte, consomment 10 kilogrammes de pulpe fraîche, 6 kilogrammes de foin et 3 kilos de paille hachée trempée dans 750 grammes de mélasse et assaisonnée de 25 grammes de sel, plus 750 grammes de tourteaux de colza.

« Les bœufs de travail consomment 20 kilogrammes de pulpe vieille, 2 kilos de tourteau d'œillette, 4 kilogrammes de foin et 2 kilogrammes de paille hachée préparée comme il est dit ci-dessus. »

Non-seulement M. Crespel a accepté avec empressement tous les progrès de la mécanique agricole, mais encore, il s'est fait lui-même fabricant d'instruments aratoires. Sur ses domaines, on se servait de la charrue Brabant en fonte, modifiée suivant certains principes, dus aux sages observations de l'exploitant; on faisait aussi usage de la charrue en bois dite binot simple à avant-train, du binot à cinq socs et à trois roues, de la houe à cheval spécialement appliquée au sarclage des cultures, de herses, de rouleaux, de huit batteuses mécaniques et enfin de douze semoirs dont on doit l'invention à M. Crespel.

Un mot en passant sur ce dernier instrument. Le semoir Crespel creuse la terre où doit être déposée la semence, il recouvre la graine, et roule ensuite le sol.

L'instrument est simple et rustique; il se manœuvre

à bras ou à cheval à volonté, et est muni, à l'avant, de deux roues motrices, et à l'arrière, de petites roues qui font l'office de rouleaux.

Entre ces deux systèmes de roues existent les tubes distributeurs évidés à leur partie postérieure et qui ont la forme d'une dent de scarificateur.

Derrière ces tubes on a disposé des dents bifurquées en fourchette, qui ramènent de chaque côté la terre soulevée par la pointe des tubes distributeurs.

C'est alors que viennent les petites roues qui appuyent le sol et qui font l'office de rouleaux.

Ce semoir, inventé en 1819, a eu en 1855 les honneurs d'une médaille de 1re classe ; il sème indifféremment le blé, la betterave, l'avoine, le seigle, le trèfle, la luzerne et le sainfoin.

Ne voulant pas sortir de l'industrie, nous ne parlerons que de la culture de la betterave :

Suivant M. Crespel, le type de la betterave à sucre est la blanche à collet rose. Cette variété est celle qui contient le plus de sucre. A l'aide de soins minutieux, il est parvenu à en conserver le type, dont il a expédié des échantillons dans tous les pays du monde, et la Prusse l'a conservé dans toute sa pureté ; aussi M. de Jacobs, de Berlin, écrivait-il à M. Crespel, le 25 décembre 1863, que sa variété de betterave avait donné cette année 7 pour 100 de sucre en pain et 9 pour

100 de sucre brut, chiffres énormes si on les compare aux rendements moyens ordinaires.

M. Crespel semait sa betterave à l'aide de son semoir, à raison de 12 kil. par hectare; chaque ligne était espacée de 34 centimètres et chaque betterave de 30 centimètres.

Aussitôt levée, la plante recevait un sarclage léger à l'aide de la houe à cheval. Lorsque les feuilles commençaient à se développer, on arrachait dans les lignes le plant superflu, de manière à donner à chaque betterave le double écartement obtenu par le semoir. Quinze jours après, on donnait un second sarclage à l'aide de la houe à cheval, qu'on piquait alors à une profondeur de 7 à 8 centimètres. Les autres sarclages se faisaient ensuite à la main et par les ouvriers mêmes de la fabrique.

Voici comment M. Crespel évaluait la main-d'œuvre :

Deux façons à la houe à cheval, par hectare.		5 fr.
Deux sarclages à la main,	—	25
Arrachage,	—	25
	Total. . .	55

Le rendement a toujours été en moyenne de 35,000 kilos à l'hectare. La valeur, année commune, de 1,000 kilos était de 18 fr.; l'hectare rapportait donc 630 fr., sur laquelle somme il convient de déduire la location et l'impôt de la terre, le fumier afférent à cette sole et les façons préalables.

M. Crespel commençait presque toujours ses récoltes vers la mi-septembre. Pour conserver ses betteraves, il les disposait sur le terrain par tas, en ayant soin de placer le collet toujours en dehors, puis il recouvrait le tout de 35 centimètres de terre. Dans cet état, elles se conservaient sans crainte des gelées.

Afin de bien faire comprendre l'importance de la betterave, et combien cette plante-racine réagit sur le rendement des autres récoltes, je crois essentiel de donner les chiffres moyens obtenus en froment pendant les dernières années de l'exploitation de M. Crespel.

Or, ce chiffre moyen a toujours été de 32 hectolitres à l'hectare, sans préjudice, pour la même superficie, de 6,000 kilos de paille.

Le maximum du rendement a été, en 1849, de 46 hectolitres de froment à l'hectare, et de 8,400 kilos de paille.

Sur les mêmes terres, l'avoine de printemps a rendu 5,000 kilos de paille et 50 hectolitres de grains par hectare.

Le trèfle a donné, pour la première coupe, 6,000 k. de fourrage sec.

Pour la deuxième coupe,   4,800 de fourrage sec.

Soit   10,800 k.

Sous le rapport des engrais, M. Crespel a toujours estimé que 100 à 110 bêtes de gros bétail pouvaient *fumer* 50 h., soit un peu plus de 2 têtes pour un hect.

Tels sont les titres de M. Crespel à la reconnaissance de l'agriculture en particulier et de la production en général.

Il me reste à suivre M. Crespel dans ses travaux de fabrication, et alors nous connaîtrons complétement l'homme qui mérite, à si juste titre, le nom de grand agriculteur et de grand industriel.

Pour être transformée en sucre, la betterave subit les manipulations suivantes : le lavage, la réduction en pulpe, la pression pour obtenir le jus, la défécation, la clarification, le rapprochement des sucs pour obtenir le sirop, la cristallisation et la séparation de la matière sucrée.

Toutes ces opérations, en 1809, étaient à l'état naissant : les procédés d'Achard laissaient grandement à désirer, les appareils étaient imparfaits, et les résultats le plus souvent défectueux. M. Crespel se mit à l'œuvre, et au fur et à mesure que sa fabrication grandissait, au fur et à mesure ses méthodes s'amélioraient. Voici, du reste, comment s'exprimait M. Payen en 1849 dans un mémoire adressé à la Société centrale d'agriculture de Paris :

« Les huit sucreries exploitées par M. Crespel produisent annuellement 2,500,000 kilogrammes de sucre extrait de betteraves récoltées sur ses terres. Dans chacune de ses usines des générateurs à vapeur fournissent la puissance mécanique et transmettent le chauffage ; on emploie des laveurs mécaniques, des râpes en fonte et des presses hydrauliques. Des grandes bassines à retour d'eau chauffent économiquement le jus ; les chaudières à déféquer, les filtres à écume et à noir en grains, les chaudières évaporatoires dans le vide, des réchauffoirs à double enveloppe et des caisses cristallisoires servent aux opérations successives sur le jus et les sirops. Enfin de grandes citernes permettent de prolonger pendant huit mois la cristallisation avant de livrer le dernier liquide aux applications qu'il reçoit sous le nom de mélasse. »

A cet immense matériel, il convient d'ajouter, les ateliers dans lesquels se faisaient la réparation des machines, les constructions et les réparations des instruments aratoires, la fabrique de noir animal et de révivification du noir en grain, enfin les bâtiments consacrés à la préparation de la chaux et des engrais pulvérulents.

Il faut également mentionner la raffinerie centrale, où les produits du clairçage des sucres bruts et le raffinage par des appareils perfectionnés permettaient de pouvoir livrer en 1849 au commerce deux millions de kilogrammes de sucre blanc.

De ce vaste ensemble résultaient, pour la culture des terres, des quantités énormes de résidus qui venaient non-seulement en aide à la production végétale, mais encore à l'élevage, à l'entretien et à l'engraissement d'un grand nombre de bestiaux.

Afin de compléter cette étude, il me reste à jeter un rapide coup d'œil sur les procédés de fabrication de M. Crespel.

Les betteraves apportées à l'atelier étaient tout d'abord nettoyées et débarrassées de la terre qui y adhérait et des radicules inutiles, puis portées aux machines connues sous le nom de laveurs de racines.

La betterave était ensuite soumise à l'action des râpes chargées de la réduire en pulpe ; chaque râpe faisait huit cents tours à la minute et réduisait en molécules impalpables, en l'espace de six heures, 25 à 30,000 kilogrammes de racines.

La pulpe tombait dans une auge doublée de plomb, et au fur et à mesure de sa production, on en emplissait des sacs en toile, contenant chacun de 12 à 13 kilogrammes de matière[1].

1. Cette invention de pressurage de la betterave réduite en pulpe au moyen de sacs et de claies soit en osier, soit en tôle ou toile métallique, date de 1810 ; jusqu'à ce jour rien de mieux n'a été trouvé, et ce système est généralement employé. Le pressurage des écumes s'opère par le même procédé. Les chaudières de défécation sont aussi de l'invention de M. Crespel-Dellisse et sont toujours généralement employées, ainsi que beaucoup d'autres ustensiles, etc.

Ces sacs étaient ensuite placés entre des claies et soumis à la haute pression de presses hydrauliques.

Le jus qui en résultait s'écoulait par des conduits en plomb dans de vastes bassines, et on le soumettait alors à la défécation, puis, dans une autre série d'appareils, aux importantes opérations de la clarification, de la concentration et de la cristallisation.

Je dois, à cette occasion, répéter que les usines de M. Crespel ont toujours passé aux yeux des étrangers comme des établissements modèles, comme de véritables écoles normales, dignes d'occuper la plus haute place dans le matériel industriel d'une grande nation.

Pour arriver à ces importants résultats, rien n'a coûté à M. Crespel : tantôt c'est lui qui invente une nouvelle méthode et les moyens mécaniques de la mettre en œuvre ; tantôt il confie la besogne à des hommes du plus haut mérite ; il n'y a pour lui aucun sacrifice qui puisse le faire reculer. S'agit-il d'une innovation brevetée, il achète le brevet, et c'est ainsi qu'à trois reprises différentes, et en l'espace de vingt-six ans, il a changé de fond en comble tout son système de fabrication.

Et ceci se conçoit lorsqu'on sait que, pour les travaux de défécation, d'évaporation et de cuisson, on compte plus de vingt procédés !... C'est ainsi que le jus peut être travaillé par le feu, à feu nu, combiné avec la vapeur, et à la vapeur seule, par insufflation d'air chaud, par le vide, etc., etc.

Eh bien ! qui le croirait ?... malgré sa haute honorabilité, malgré son abnégation lorsqu'il s'agissait de vulgariser un procédé nouveau, M. Crespel-Dellisse n'a pu échapper aux procès en contrefaçon et à tous les ennuis qui en résultent. J'en rappellerai un seul, c'est celui qui lui fut fait en 1853 par MM. Rohlf, Seyrig, Cail et Cie, à l'occasion de l'emploi des turbines essoreuses comme application de la force centrifuge ; application dont M. Crespel avait acheté le brevet en 1847, pour 24,000 fr. à M. Harpignies, agissant comme mandataire de l'inventeur Schuzembach.

Malgré les droits incontestables de cette propriété, la société Rohlf, Seyrig, Cail et Cie fit dresser des procès-verbaux de saisie dans toutes les fabriques de M. Crespel, mais un arrêt de la Cour Impériale de Paris, à la date du 25 février 1853, et confirmé par un arrêt de la Cour de cassation au mois d'août de la même année, condamna la société Rohlf-Seyrig à la déchéance de son brevet et à 15,000 francs de dommages-intérêts envers Crespel.

Comme corollaire à tout ce qui précède, je terminerai ce chapitre par quelques considérations présentées par M. Crespel au congrès scientifique de Douai. Ces considérations permettront d'apprécier les

services que la betterave peut rendre à l'agriculture
et à l'industrie, ainsi que les bienfaits qui en résultent pour les classes ouvrières en général.

« La betterave se sème en mai, se sarcle en juin et
juillet, se récolte en octobre, novembre et décembre,
et se fabrique tout l'hiver jusqu'en février et mars. Il
est de la plus haute importance de remarquer ici
que les travaux généraux des cultivateurs pour la
fabrication sont seulement nécessaires aux époques
où le journalier de la campagne n'a point d'ouvrage.
Ainsi, en mars et avril, époque à laquelle finit la
fabrication, les ouvriers, employés tout l'hiver dans
les usines, sont rendus à l'agriculture. En juin, il y a
ordinairement un temps d'arrêt dans les travaux de
la campagne, et c'est alors précisément que les sarclages de la betterave réclament des bras jusque vers
la fin de juillet. A cette époque encore, les ouvriers
sont rendus à l'agriculture pour les besoins de la
moisson et dès qu'elle est terminée, la déplantation,
la conservation et la fabrication appellent tour à
tour des bras qui, sans elles, seraient demeurés
oisifs. »

IV.

ENCOURAGEMENTS HONORIFIQUES

DONT M. CRESPEL-DELLISSE A ÉTÉ L'OBJET.

Au milieu de ses travaux, de ses efforts, de ses peines et de tous ses déboires, M. Crespel eut cependant quelques beaux jours, qui font époque dans cette vie si dignement remplie.

Les beaux jours d'un agriculteur ou d'un industriel sont bien modestes; ils consistent, le plus souvent, dans les visites officielles d'hommes éminents dont on désire conquérir les suffrages, ou dans des distinctions honorifiques.

L'approbation des hommes haut placés, soit par leur rang, soit par leur savoir, est toujours précieuse; elle encourage le soldat industriel, comme le soldat du champ de bataille. Les distinctions honorifiques donnent à l'homme qui les reçoit une juste opinion de son savoir, une plus ferme confiance en lui-même, et sont un puissant encouragement pour persévérer dans la bonne voie.

Les immenses travaux de M. Crespel ne pouvaient manquer d'attirer vers lui, vers ses incessantes découvertes, les hommes de progrès et d'initiative. Parmi les nombreux visiteurs qui ont rendu hommage à son génie, et lui ont payé un juste tribut d'éloges, non-seulement comme curieux et comme admirateurs, mais aussi comme savants, je prendrai au hasard sur les registres des usines les noms suivants :

Le duc d'Angoulême. — Le roi Charles X. — Le duc d'Orléans. — Le grand-duc de Hesse-Darmstadt. — Le général Damrémont. — Le maréchal Randon. — Le duc de Cazes. — Le comte de Chabrol. — De Lamartine. — Chaptal. — Gay-Lussac. — Darcet. — Clément-Desormes. — Barruel. — Krauss. — Schubarth. — Liebig, etc., etc.

Je trouve ensuite, au nombre de ceux qui ont été officiellement envoyés par leur gouvernement, ces quelques nobles personnages étrangers :

Envoyé par l'Autriche : M. le prince Schusenbac.

Envoyé par la Prusse, M. de Jacobs, de Potsdam.

Envoyé par la Hollande, MM. Hoevenaer père et fils, etc.

Puis, parmi ceux qui sont venus officieusement :

MM. Lucassenn, vice-gouverneur de Java.

MM. Dumont-Dumortier, président du sénat belge.

M. le comte Debassyn de Richemont, des colonies françaises.

M. le Ministre de l'agriculture et du commerce de Saint-Pétersbourg.

M. le prince Sobensky, de Pologne.

M. le comte Mozensky, de Crimée.

MM. Taylord et Martineau de Londres.

M. le prince duc de Rohan-Rohan, de Londres, etc., etc.

Je ne mentionnerai pas les grands industriels qui sont également venus visiter les belles usines de M. Crespel; le nombre en est trop considérable.

Voici maintenant les titres honorifiques que M. Crespel-Dellisse a mérités de la part de ses concitoyens et des gouvernements qui ont compris l'importance de ses travaux.

Il a été successivement nommé :

Membre de la Société impériale et centrale d'agriculture de Paris;

Membre de la Société impériale d'agriculture de Vienne (Autriche);

Président honoraire de la Société d'encouragement de Londres;

Membre honoraire de la Société d'encouragement de Berlin;

Membre honoraire de la Société d'encouragement de Paris ;

Membre du Conseil général de l'agriculture, du commerce et des manufactures ;

Membre de la Chambre consultative d'agriculture ;

— de la Chambre du commerce d'Arras ;

— de l'Académie d'Arras ;

Vice-président du Comité d'agriculture de l'Académie nationale, agricole manufacturière et commerciale de Paris ;

Membre de la Société centrale d'agriculture du Pas-de-Calais ;

Membre de la Société centrale d'agriculture de Valenciennes ;

Membre de la Société centrale d'agriculture de Saint-Omer ;

Membre de la Société centrale d'agriculture de Calais, etc., etc., etc.

Président du comité des fabricants de sucre de Paris depuis avril 1836 jusqu'en 1839 ; remplacé par M. le comte de Morny, et réélu de nouveau en 1855.

Ancien membre du Conseil municipal d'Arras ; chevalier de la Légion d'honneur en 1831 ; chevalier de l'ordre du Mérite du grand-duc de Hesse-Darmstadt en 1831 ; chevalier de l'Aigle-Rouge de Prusse en 1838.

M. Crespel-Dellisse a, en outre, reçu les récompenses suivantes :

4.

Une mention honorable à l'exposition de 1819 ; une médaille d'argent à l'exposition de 1823 ; une médaille d'or de la Société d'encouragement en 1825 ; une grande médaille d'or à l'exposition de 1827 ; une médaille d'or de la Société d'agriculture en 1828 ; une médaille de bronze pour son semoir à l'exposition de 1834 ; une médaille d'honneur en or à l'exposition de 1855 ; une médaille d'honneur en or pour sa race bovine à l'exposition régionale de 1857 ; plusieurs autres médailles d'or et d'argent, et le diplôme d'honneur de l'Académie nationale en 1863.

Si le mérite d'un homme se mesurait en raison des distinctions dont il est l'objet dans le cours de son existence, M. Crespel-Dellisse occuperait bien certainement le premier rang.

V.

REVERS DE LA MÉDAILLE.

**RAPPORTS DE M. CRESPEL-DELLISSE AVEC LA RÉGIE.
DISCRÉDIT ET RUINE.**

Je passe à un autre ordre de faits, représentant la contre-partie du chapitre précédent; c'est le revers de la médaille. Ici le tableau devient sombre, la nuit se fait, le génie du mal prend des proportions effrayantes, la calomnie et le mauvais vouloir s'en mêlent, et M. Crespel-Dellisse, celui qui s'était emparé le premier, en véritable créateur, de la belle découverte de Margraff, tombe écrasé sous les ruines des grands établissements qu'il avait fondés et qui étaient le fruit d'un demi-siècle de travail.

C'est à la promulgation de la loi qui frappa d'impôt le sucre indigène que commence ce triste récit.

Nous l'avons vu, le sucre de betterave avait rencontré dès son origine d'unanimes encouragements, aussi cette industrie ne tarda-t-elle pas à se développer grandiosement. Ce fut alors que se dressèrent contre elle trois ennemis mortels : les producteurs des colonies, que la concurrence effrayait; le commerce des ports qui voyait dans la production indigène la réduction des transports maritimes et un germe de décadence pour le commerce colonial; enfin le fisc, criant à la diminution de ses recettes.

En présence de ces trois puissances hostiles, le sucre de betterave devait succomber.

Alors on vit surgir la loi du 18 juillet 1837, l'ordonnance du 4 juillet 1838, la loi du 3 juillet 1840, dont nous avons donné les textes dans notre premier chapitre.

Pour me servir d'une expression de M. Crespel-Dellisse, je dirai avec lui que le gouvernement n'a pas su attendre la virilité de l'industrie sucrière indigène.

L'impôt une fois voté, 360 usines furent réduites à néant et cessèrent leur fabrication. Celles de M. Crespel se trouvèrent alors assez fortes pour résister, parce qu'elles possédaient tous les éléments d'une production rationnelle et des capitaux formés par le travail.

Mais l'impôt ne fut pas en principe la cause directe du désastre. Ce fut plutôt le mode de le percevoir, car l'*exercice* avait été admis comme le moyen le plus facile à pratiquer.

M. Crespel-Dellisse comprit de suite les effets déplorables qui allaient résulter de l'*exercice :* aussi écrivait-il aux Chambres, quelques mois avant le vote de la loi du 18 juillet 1837 : « Un impôt sur le sucre indigène, quelque minime qu'il soit, nous portera, un coup mortel, si la perception doit se faire par l'exercice arbitraire des droits réunis, tandis qu'établi par licence ou patente, sa conséquence, toujours fatale à notre industrie, n'aura du moins pour effet que d'en faire languir le développement. »

Malgré ces justes observations, l'impôt accompagné, de l'exercice fut voté. A cette occasion, un orateur jouissant d'une haute influence terminait ainsi, sous la forme la plus doucereuse, le discours qu'il prononça à ce sujet : « Si nous voulons un impôt, il faut que nous sachions adopter un mode de perception efficace. Nous devons sans doute ménager, autant que possible, l'industrie que ce nouvel impôt va frapper, mais il ne serait pas juste que ce fût en oubliant les intérêts du trésor. »

La lutte commença donc, car aussitôt de graves conflits s'engagèrent entre les fabricants et les sommités de l'administration des contributions indirectes, et comme M. Crespel possédait la fabrication la plus importante, comme c'était lui qui avait toujours été en avant dans toutes les commissions d'enquête pour repousser l'*exercice,* la régie le recommanda d'une manière toute particulière au zèle trop souvent arbitraire de ses employés de toutes classes. Elle eut toujours les yeux sur lui...

La première escarmouche eut lieu en 1839 à propos de l'article 23, paragraphe 2, de l'ordonnance du 4 juillet 1838, ainsi conçu : « Les sommes dues pourront être payées en obligations dûment cautionnées à trois, six ou neuf mois de terme, pourvu que chaque obligation soit au moins de 300 francs.

Ce texte est on ne peut plus clair, et cependant la régie prétendit qu'un tiers de chaque obligation devait être souscrit à trois mois, un autre tiers à six et le dernier à neuf.

Sur le conseil de M. Crespel, les fabricants se soumirent à cette prétention arbitraire, en attendant pour agir que la question fût décidée par les tribunaux.

Ceux-ci donnèrent raison aux fabricants, non-seulement à Arras, mais encore à Douai et à Béthune. Nonobstant, la régie passa outre, et aux offres de M. Crespel, elle répondit par une contrainte à laquelle il fit opposition ; opposition qui ne put arrêter l'aveugle animosité de la direction des contributions indirectes du Pas-de-Calais. Si bien qu'une inscription hypothécaire de 500,000 francs fut prise sur les biens que M. Crespel possédait dans l'arrondissement d'Arras pour garantir la somme de... 6,000 francs !

L'illégalité de cette mesure fit bientôt peur à l'administration de la régie elle-même, de sorte qu'elle se décida à battre en retraite, et à payer tous les frais de l'inscription, de l'instance et de la main-levée! Mais c'est bien de là que date la première attaque au crédit de M. Crespel. C'est bien à partir de cette attaque que M. Crespel ne put plus donner également tous ses soins à ses cultures et à son industrie.

Dans le département de l'Aisne les mêmes faits se produisirent : la coalition des contributions indirectes contre l'honorable fabricant prit même des proportions inqualifiables; qu'on en juge !

M. Crespel proposait à la régie, comme caution, le directeur de l'usine de Villeselve : la régie refusa, et le 22 janvier 1839, une contrainte fut délivrée ; le 1er février une saisie fut opérée avec un acharnement sans exemple et sans précédent.

Dans cette circonstance, l'aveuglement de la direction des contributions fut tel, qu'elle commit une grave illégalité qui viciait l'opération. Pour le directeur, d'alors, de cette administration, le code civil et le code de procédure semblaient être lettres mortes.

Cependant, par esprit de conciliation, M. Crespel offrit de payer, à la condition qu'on insérât ses réserves dans la quittance. Fidèle à son système, la régie refusa.

La vente fut alors annoncée pour le 16 février ; elle

devait avoir lieu sur la place de Noyon. M. Crespel s'y rendit afin de racheter son matériel, mais la vente n'eut pas lieu. De lenteur en lenteur, on arriva ainsi jusqu'au 14 juin ; alors le tribunal déclara la saisie nulle, condamna l'administration aux frais et aux dépens et à 16,099 francs de dommages et intérêts envers Crespel.

Comment expliquer la conduite de l'administration des contributions, qui cherche à ruiner de gaîté de cœur un honorable fabricant, un homme auquel la France doit un des plus beaux fleurons de sa couronne industrielle ? Comment qualifier une administration qui représente l'État et qui entraîne celui qui lui crée des ressources, dans une voie dispendieuse, maladroite et illégale ?

Dans le département de la Somme, même système, pour ne pas dire même drame : la caution de M. Servatius est refusée.

M. Crespel court à Paris afin de pòrter ses plaintes à M. le directeur général de la régie. Pendant ce temps, il apprend par correspondance qu'une nouvelle contrainte va être lancée contre lui ; il revient à Arras, il veut payer quand même ; on lui répond qu'il faut aller payer à Roye ; mais vingt heures après la contrainte, avant le temps moral pour que M. Crespel fût prévenu, la régie saisissait toutes les marchandises et tous les ustensiles de sa fabrique : puis quelques jours après, elle se ravisait, comprenait où sa conduite allait la mener, donnait main-levée et payait encore une fois tous les frais.

A la fabrique de Frières les mêmes contestations se produisirent au sujet de la caution présentée par M. Crespel ; enfin pour l'usine d'Eaucourt, qui avait été fondée en nom collectif et de compte à demi avec un associé, et dans laquelle M. Crespel avait versé 100,000 francs, sans préjudice des propriétés particulières qui, situées sur le territoire, avaient été achetées 140,000 francs, la régie refusait la caution personnelle de M. Crespel !!!

Pour ma part, et à l'honneur de mon pays, je ne croirai jamais que des faits semblables puissent se reproduire aujourd'hui sans répression immédiate, et il a fallu pour cela le laisser faire qui a présidé à tant d'actes administratifs d'une autre époque.

Je n'ai pas fini avec la régie.

Au mois de novembre 1840, neuf procès-verbaux furent rapportés à la charge du sieur Crespel par les employés de la régie de Paris. Les procès-verbaux constataient que les sucres expédiés par M. Crespel étaient d'un type supérieur à celui qui avait été déclaré lors de leur enlèvement à Arras !

La régie basait sa demande sur l'art. 15 de l'ordonnance du 7 juillet 1838, par lequel les sucres ne peuvent sortir de la fabrique, qu'au préalable le fabri-

cant n'ait fait au bureau des contributions une déclaration énonçant le nombre de colis, leur poids brut et
net, l'espèce et la qualité d'après les types, etc., etc...,
enfin sur ce que les colis doivent être vérifiés et la
qualité des sucres reconnue par les employés, avant
l'enlèvement.

Pour se conformer à l'article du règlement, M. Crespel, à toutes les expéditions, appelait les employés du
fisc; ceux-ci se livraient alors à la reconnaissance des
sucres, contradictoirement avec le fabricant, et les
classaient dans une des trois catégories indiquées par
l'ordonnance; si bien que chaque fabricant était au-
torisé à croire que les sucres classés par les employés,
au départ de la fabrique, avaient rempli toutes les
formalités exigées par l'art. 15.

Pour la régie il n'en était rien, car en novembre
1840, neuf procès-verbaux furent dressés à M. Crespel, parce que des sucres, examinés par des agents
de Paris, furent déclarés de second type.

C'était pour l'honorable fabricant une perte de
50,000 kilogrammes de marchandises et une amende
très-élevée.

Ici se présente une question fort importante :
Devait-on ajouter foi plutôt aux agents de Paris qu'à
ceux d'Arras?

Je dirai plus : pourquoi la régie a-t-elle impliqué
dans sa réclamation imaginaire M. Crespel, puisque,

avant l'expédition, ce dernier avait appelé les employés, et que ceux-ci avaient reconnu le sucre *de premier type*, en consignant eux-mêmes leur déclaration sur les registres et les lettres d'expédition?

Devant une réclamation aussi inique, que pouvaient faire les tribunaux, sinon donner raison à M. Crespel et débouter la régie de ses prétentions exorbitantes?

C'est, en effet, ce qui eut lieu.

De cet inéquitable procès il est résulté que les sucres bruts indigènes saisis appartenaient réellement au premier type comme les employés d'Arras l'avaient déclaré lors de l'expédition.

Il ressort de tout ceci, et une fois de plus, que les prétentions de la régie vis-à-vis de M. Crespel ne résultaient pas des principes d'une saine équité, mais ressemblaient fort à un parti pris. Il fallait écraser l'homme qui seul pouvait lutter trop vigoureusement contre elle; il fallait faire disparaître celui qui avait dit que la perception de l'impôt par l'exercice deviendrait arbitraire entre les mains des agents des droits réunis.

Ce n'est pas tout : non contente d'attaquer M. Crespel comme fabricant, la régie lui fit encore sentir sa funeste influence comme cultivateur.

Ceci se passait en 1848 et 1849. Il s'agissait de l'emploi des mélasses et de leur application à l'alimentation des bestiaux. Le fisc prétendit que M. Crespel

frustrait le trésor ; que le sucre contenu dans la mélasse devait payer l'impôt bien qu'appliqué à la nourriture des animaux.

Or, la mélasse avait alors une valeur marchande
de 3 à 5 francs les 100 kilogrammes, et on voulait l'imposer de 5 francs ; en d'autres termes on prétendait
doubler la valeur vénale d'une denrée utile à l'agriculture, à la production, à la consommation, à la
richesse générale.

La vexation, ou plutôt la persécution contre le grand
fabricant prenait des allures inexplicables.

Mais M. Crespel crut un instant qu'il pouvait ré-
soudre victorieusement la question en offrant de déna-
turer ses mélasses par un mélange de substances étrangères, qui permettrait d'offrir au fisc toute garantie
sur leur destination. Eh bien ! qui le croirait? la régie
fut impitoyable...

Ah! si l'ombre de Napoléon Ier fût revenue à ce moment sur terre, s'il lui eût été permis d'apprécier la
situation faite à une industrie qui restera l'une de ses
gloires, les attentats dirigés contre son œuvre de pré-
dilection, c'est à coups de cravache qu'il eût chassé
les marchands du Temple.

Il l'eût fait, le grand Empereur, non-seulement dans
l'intérêt de l'agriculture, qui est la force vive sur
laquelle s'appuient toutes les nations du monde, mais
encore parce que Crespel, je ne dis pas monsieur, car

ici Crespel est un fait qui appartient à l'histoire, parce que Crespel avait droit et a droit encore au million de prime promis, je crois, en 1811, à celui qui établirait, en France, la première fabrique de sucre indigène capable de fournir une quantité déterminée de produits marchands, et que Crespel-Dellisse est cet homme [1].

J'abandonne cette triste histoire, car elle fait pitié, et j'arrive à des faits peut-être plus tristes encore, mais qui ont au moins le mérite de l'honorabilité.

La *furiosa* fiscale, l'augmentation des droits, les difficultés créées aux fabricants, la situation politique, réagirent funestement sur toutes les usines de sucre indigène.

M. Crespel avait en 1848 un actif de 2,819,629 francs 97 centimes, déduction faite de son passif ; seulement il devait à l'état 600,000 francs de droits. L'État, prenant alors l'initiative, envoya auprès de lui un inspecteur des finances qui pût vérifier sa position, et un sursis lui fut accordé.

Eh bien! cette somme de 600,000 francs fut payée en l'espace d'une année et sans suspension de travail, fait énorme à constater, surtout en ce moment de crise politique.

M. Crespel payait à cette époque un minimum de 1,250,000 francs d'impôts.

1. Voir les décrets du 6 mars 1811 et du 15 janvier 1812.

En 1858, déduction faite de son passif, son actif était de 2,867,350 francs 50 centimes, et il devait à l'État 475,000 francs. Il avait alors contre lui la crise financière et, par contre, l'escompte de la Banque de France, élevé à 10 pour cent. C'était le moment d'agir à son égard, comme on avait agi en 1848. Il n'en fut rien! L'administration des contributions indirectes avait repris ses allures guerroyantes.

Mme Crespel-Dellisse, mariée sous le régime de la communauté, était propriétaire de la moitié de l'actif de son mari, soit 1,433,675 francs 25 centimes, et cautionnait alors ses obligations.

Au fort de la crise, le directeur des contributions signifia qu'il n'acceptait plus un semblable cautionnement!

M. Crespel présenta une autre caution qui fut acceptée par M. le receveur, mais qui fut refusée par M. le directeur.

M. Crespel avait alors dans ses usines vingt-deux employés du fisc continuellement en permanence. Ceux-ci poussés, soit par une influence occulte, soit par excès de zèle, eurent l'imprudence de répandre dans le public certains bruits fâcheux au sujet du conflit qui s'était élevé entre le receveur et le directeur de la régie, et entre le directeur et M. Crespel. Le crédit de ce dernier s'en ressentit immédiatement : les gérants de ses fabriques et jusqu'à ses

ouvriers crurent tout perdu..... et le travail péri-
clita.

Si bien qu'au mois d'avril 1858, les poursuites de
l'administration des contributions recommencèrent
avec une nouvelle ardeur, et que le 21 du même mois,
pour une échéance du 20, M. Crespel recevait une
contrainte; le 24 il était saisi, juste au moment où
l'honorable industriel, étant à Paris, sollicitait de
S. M. l'Empereur la même faveur que celle qu'il avait
obtenue en 1848.

En l'absence de son père, M. Crespel fils fut obligé
d'assister, sans résistance possible, à la saisie totale
de tous ses biens, à l'effet de sauvegarder le remboursement d'une somme de 475,000 francs! Pour
se garantir, le fisc mit la main sur un actif de
2,867,350 francs 50 centimes, sur les biens meubles
et immeubles de son fils, s'élevant à près d'un million,
et sur les biens personnels de M. Crespel, formant un
capital total de 6,000,000. — Alors tout fut perdu.

M. Crespel fut obligé de se mettre en liquidation,
et ce ne fut qu'à la recommandation de S. M. Napoléon III, que l'administration leva l'interdit et ne
garda que les hypothèques générales.

Mais le mal était fait, les fabriques avaient cessé de
fonctionner, les ouvriers avaient été renvoyés, le
crédit était perdu, et du discrédit à la ruine, il n'y
avait qu'un pas.

A ce moment, et pour comble de malheur, il y eut une baisse de 15 à 20 pour cent sur les sucres et de 300 pour cent sur les mélasses. Tout semblait conspirer contre M. Crespel.

Nous arrivons au jour où il fut décrété qu'un prêt de 40 millions serait fait à l'industrie, afin de parer à la crise financière. M. Crespel se mit sur les rangs et obtint 800,000 francs ; 475,000 francs devaient servir à rembourser et désintéresser l'administration des finances, et 325,000 francs devaient être employés aux améliorations manufacturières et à parer aux éventualités. M. Crespel avait, en effet, trouvé le moyen de produire des qualités de sucre améliorées à tel point qu'il devenait possible de les livrer à la consommation sans raffinage.

Comme garantie du prêt de 800,000 fr., M. Crespel avait donné hypothèque sur toutes les fabriques d'Arras.

A cette époque, le sucre valait 74 francs les 100 kilogrammes, et la mélasse 22 francs les 1,000 kilos. Dans l'intervalle de la campagne, le sucre ne valut plus que 63 francs et les mélasses 13 francs : de là une perte de 268,000 francs pour M. Crespel.

L'année suivante, le sucre descendit à 52 francs ; la mélasse était cotée 14 francs ; il en résulta pour le malheureux industriel une perte de 459,000 francs, soit en deux ans 727,000 francs.

Il fallait aviser : M. Crespel reconnut avec ses liquidateurs que, pour arriver à sortir de cette impasse, une somme de 280,000 francs lui était encore nécessaire, et, de nouveau, il s'adressa au gouvernement.

L'Empereur, dans sa haute sollicitude pour tous les vaillants pionniers de l'industrie, comprit si bien la position de l'éminent fabricant que, spontanément, il allait souscrire à sa demande ; mais, si nos renseignements sont exacts, les généreuses intentions de l'Empereur se trouvèrent paralysées, cette fois encore, par les nécessités inexorables de la politique financière.

Dès lors il n'y eut plus, pour M. Crespel-Dellisse, aucun lieu de refuge ; tous les havres de grâce lui étaient fermés, son vaisseau devait sombrer, et il sombra.

Afin de laisser une parfaite idée de la position financière de M. Crespel depuis 1842 jusqu'à l'année 1857, il me semble instructif de donner le tableau ci-après, car je l'ai dit et je le répète, l'existence manufacturière, agricole et financière de M. Crespel n'appartient pas seulement à lui seul, elle appartient à tout le monde.

5.

INVENTAIRE DU CAPITAL DE M. CRESPEL-DELLISSE

DU 30 JUIN 1842 AU 30 JUIN 1857.

INVENTAIRE.	AUGMENTATION.	DIMINUTION.	CAPITAL.
Au 30 juin 1842, le capital était de.			2,471,176f 73
Du 30 juin 1842 au 30 juin 1843 .	100,245f 80		100,245 80
Capital au 30 juin 1843.			2,571,422f 53
Du 30 juin 1843 au 30 juin 1844 .	155,000 »		155,000 »
Capital au 30 juin 1844 .			2,726,422f 53
Du 30 juin 1845 au 30 juin 1846 .	240,000 »		240,000 »
Capital au 30 juin 1846 .			3,206,422f 53
Du 30 juin 1846 au 30 juin 1847 .			
Réduction. { Donation à M. Coste. . . . 127,500f »			
— à M. Lecène . . . 127,500 »			
— à M. T. Crespel. . 127,500 »		407,070f 55	407,070 55
Solde de la balance du compte en sa faveur. 24,570 55 }			
Augmentation par bénéfice sur la campagne.	148,037 11		2,799,351f 98
			148,037 11
Capital au 30 juin 1847.			2,947,389f 09
Du 30 juin 1847 au 30 juin 1848 .		89,038 72	89,038 72
Capital au 30 juin 1848 .			2,858,350f 37
Du 30 juin 1848 au 30 juin 1849			

Capital au 30 juin 1850			2,949,275 f 06
Du 30 juin 1850 au 30 juin 1851 . . .		[3] 134,024 23	134,024 23
Capital au 30 juin 1851. . . .			2,815,250 f 83
Du 30 juin 1851 au 30 juin 1852 . . .	55,220 34		55,220 34
Capital au 30 juin 1852			2,870,471 f 17
Du 30 juin 1852 au 30 juin 1853 . . .	55,990 90		55,990 90
Capital au 30 juin 1853			2,926,462 f 07
Du 30 juin 1853 au 30 juin 1854 . . .	175,859 72		175,859 72
			3,102,321 f 79
Capital au 30 juin 1854			
Du 30 juin 1854 au 30 juin 1856 . . .			
Réduction. { Donation à M. T. Crespel . . 200,000 f			
— à M. Coste 200,000		600,000 »	600,000 »
— à M. Lecène 200,000			
			2,502,321 f 79
Augmentation par bénéfice sur la campagne . . .	92,557 40		92,557 40
Capital au 30 juin 1856			2,594,879 f 19
Du 30 juin 1856 au 30 juin 1857 . . .	272,471 32		272,471 32
Capital au 30 juin 1857			2,867,350 f 51

1. Perte. Révolution de février 1848. — 2. Perte. Suite de la révolution de 1848.

3. Perte résultant de la loi de 1851, de grèvement de 7 fr. aux 0/0 kilos sur l'impôt des sucres Martinique, et de 12 fr. sur ceux de Bourbon, et à l'exclusion des sucres de betteraves, d'où il résulte que M. Crespel a payé depuis cette époque environ 1,500,000 fr. d'impôt de plus qu'un colon n'en a payé pour la même quantité de sucre.

NOTA. Depuis l'application de l'impôt (1838), M. Crespel a versé au trésor, pour sa part, une somme d'environ trente-trois millions, dans lesquels les dégrèvements entrent pour huit millions approximativement.

Je m'arrête ici, car il me semble que les faits et les chiffres ont éloquemment parlé. Ils ont suffisamment fait connaître cet homme dont Chaptal disait :

« Gloire soit rendue à ces hommes qui ont sur-
« monté toutes les difficultés, supporté des sacrifices,
« méprisé des plaisanteries grossières et futiles et con-
« servé à la France une industrie qui doit enrichir
« son agriculture.

« De tous les citoyens honorables qui ont obtenu le
« plus de succès dans cette précieuse industrie, M.
« Crespel-Dellisse doit être placé au premier rang. . .
« L'irruption des armées étrangères, en dévastant ses
« premiers ateliers, n'a point abattu son courage ni
« refroidi son zèle. Sa fortune s'est accrue rapidement,
« et vous penserez avec moi que jamais fortune ne
« fut plus honorable, car elle a pour base le bien
« public; vous jugerez que la source en est pure et
« sacrée! . . . »

Oui, la source en est pure et sacrée, mais cette fortune a disparu dans la tourmente suscitée par un régime fiscal qui me paraît manquer de ce contrepoids important qu'on nomme le contrôle administratif.

Mais qui donc avait soulevé cette tempête qui devait engloutir le doyen des fabricants de sucre indigène?

Cet homme avait-il semé derrière lui des inimitiés

assez profondes, des haines assez vivaces pour médi-
ter et exécuter sa ruine?

Non, pour la centième fois, la grande catastrophe
que nous déplorons n'est pas le fait de ressentiments
individuels.

Elle est l'œuvre froidement accomplie d'un zèle
aveugle.

Triste et fatale particularité, qui rend impossible
tout débat personnel et contradictoire :

Les trois honorables fonctionnaires qui ont pu se
croire fondés à assumer la responsabilité de mesures
si désastreuses pour M. Crespel n'existent plus, et à
Dieu ne plaise que nous songions à troubler leurs
cendres!

Mais écoutez bien ceci :

Crespel-Dellisse, après avoir payé à l'État les sommes
énormes que vous savez, se trouve un jour dans
l'impossibilité de payer 25,000 francs à la régie dans
les vingt-quatre heures!

Mais son actif représente près de 3 millions!...

Mais les fabriques regorgent de sucre...

Mais on pourrait laisser sortir une quantité de pains
suffisants pour payer ces 25,000 francs!

Eh bien, non! — il y aura saisie!

En vain, M. Crespel fils demande-t-il, en l'absence
de son père, l'autorisation de laisser sortir des mar-

chandises pour la somme? On refuse. — Son indignation détermine une maladie qui le tue!

Et c'est pour garantir une somme infime à l'État, qu'au nom de l'État on frappe de mort des établissements qui faisaient vivre des milliers d'hommes!

Mais on voulait donc aussi tuer la garantie de l'État? car enfin, qu'est-il arrivé?

La saisie a amené le discrédit, et le discrédit la ruine.

Si, au lieu d'exécuter aussi aveuglément M. Crespel, on l'eût aidé, au contraire, dans de raisonnables proportions, non-seulement il couvrait largement l'État, mais ses établissements reprenaient leur première prospérité.

Donc les rigueurs de l'administration des contributions indirectes auront non-seulement consommé la ruine de M. Crespel, mais encore compromis la garantie de l'État.

On ne sortira pas de là.

Résumons-nous :

La grande erreur de l'administration est d'avoir forcé M. Crespel-Dellisse à liquider dans les circonstances les plus défavorables, et d'avoir ainsi compromis elle-même son propre gage.

Une fortune de plusieurs millions rendra à peine quelques centaines de mille francs.

Si, prenant en considération la position exceptionnelle du grand fabricant, on lui eût accordé encore un peu de temps, non-seulement il remboursait l'État, mais encore il relevait sa fortune.

Deux ou trois campagnes de travail, et c'était chose faite. — M. Crespel, commençant ensuite lui-même l'œuvre de sa liquidation, accomplissait ce dernier acte de sa vie industrielle à la satisfaction générale.

Il lui restait une honnête aisance, et la récompense nationale achevait l'œuvre.

VI.

RÉCOMPENSE NATIONALE.

Voici ce que j'écrivais en 1855 :

« Et qui donc parmi nos fabricants du jour est resté
« plus longtemps sur le champ de bataille que M.
« Crespel-Dellisse? Qui donc a pris à sa source une in-
« dustrie traversée par tant d'épreuves et l'a conduite au
« prix des plus grands services à son plus haut degré
« de prospérité? Qui de nous a lutté cinquante-quatre
« ans pour une industrie sans cesse menacée? Ce que
« nous demandons pour cette noble carrière, pour cette
« existence souverainement utile à laquelle tant d'au-
« tres existences sont suspendues ; pour cet homme
« dont le génie, le courage et la persévérance égalent
« la modestie ; pour ce vétéran de l'industrie, aussi
« aimé que respecté de tous ceux qui l'entourent ;
« pour ce grand citoyen enfin dont nous espérons voir

« un jour le nom sur l'un des écussons du palais de
« l'industrie, c'est une *récompense nationale*[1]. »

Mais depuis 1855 les temps ont bien changé ; le
tableau qui précède prouve, en effet, que M. Crespel,
au 30 juin 1857, avait un actif de 2,867,350 francs
51 centimes, et aujourd'hui . . . rien !

Ce que je demande en 1864 au nom de toute la
France industrielle, ce n'est pas seulement cette récompense nationale que je réclamais dès 1855, mais bien
l'accomplissement de la promesse, si promesse il y a,
de l'empereur Napoléon Ier.

« *Un million sera décerné à la première fabrique de*
« *sucre indigène, capable de fournir une quantité*
« *de produits marchands.* »

Une pension à titre de récompense nationale est
une noble distinction ; elle prouve que la France a
des élans de fierté à l'endroit de ses enfants ; mais
une rente viagère de 6,000 francs est bien médiocre,
en présence des services que M. Crespel-Dellisse a
rendus à l'industrie et à l'agriculture ; en présence
aussi des sommes fabuleuses qu'il a payées à l'État[2],
et de la ruine qui le frappe à la fin de sa carrière.

Je ne veux pas récriminer ; je n'aime pas les récri-

---

1. Ce paragraphe entier a eu l'honneur d'être cité et reproduit
dans le remarquable rapport de M. d'Havrincourt, à la Chambre
des Députés (en 1864).

2. Voir le détail justificatif à l'Appendice, page 172.

minations, et je n'ai pas le droit de me poser en juge. Mais, mon Dieu! quand je vois la veuve de Burnouf, les héritiers de Philippe de Girard, Vicat, Daguerre, Crespel-Dellisse après avoir jeté dans la richesse du pays des millions et des milliards qui se multiplieront à l'infini, recevoir 6,000 francs de pension, je me demande si réellement les récompenses de ce monde sont équitablement distribuées, et je me surprends à critiquer les balances.

Un fait à l'appui de cette opinion . . . . .

L'an dernier . . . , une aimable enfant, Mlle Emma Livry est victime d'un accident terrible . . . les flammes atteignent sa robe de danseuse, et la pauvre martyre meurt après six ou huit mois de souffrances. L'État prend à sa charge ses funérailles et donne 6,000 francs de pension à l'inconsolable mère.

Bravo! et à Dieu ne plaise que je trouve ce chiffre exagéré. La danse, la musique, la littérature, la science, l'industrie coopèrent à la grandeur et au développement intellectuel des nations; mais si la douce martyre a mérité qu'on fasse 6,000 francs de pension à sa mère, que doit-on donner aux héritiers de Philippe de Girard, à Daguerre, à Vicat, à la veuve de Burnouf, à Crespel-Dellisse? Que donnera-t-on aussi à la veuve de Baudement . . . qui attend encore?

À l'appui de la cause que je défends, et ne fût-ce que pour remercier l'empereur Napoléon III de sa généreuse initiative, je crois devoir reproduire ici l'exposé des motifs du projet de loi qui vient d'être sanctionné par le Conseil d'État et le Corps législatif.

Plus loin je reproduirai également les nobles paroles qu'a prononcées l'honorable M. Beaumont (de la Somme) devant le Sénat.

Ces deux appréciations officielles confirmeront de la manière la plus éclatante tout ce que j'ai pu dire.

Pour éviter des répétitions inutiles, je ne transcrirai que les parties du projet qui viennent jeter un nouveau jour sur l'existence de l'homme de bien dont je viens d'esquisser la laborieuse et noble existence.

« Il y a plus d'un demi-siècle, le blocus continental « était dans toute sa force ; le sucre valait 12 francs « le kilogramme ; le gouvernement impérial faisait « connaître les découvertes de Margraff et d'Achard « qui avaient constaté la présence du sucre cristalli-« sable dans la betterave ; il instituait des cours pour « enseigner les moyens de l'en extraire ; il prescrivait « la culture de la plante saccharifère, et dans les labo-« ratoires on montrait des échantillons de la précieuse « denrée souvent impure et méconnaissable.

« *L'Empereur promettait de splendides récompenses* « *à celui qui saurait la produire industriellement !*

« M. Crespel-Dellisse (né à Lille en 1789), d'une intel-« ligence supérieure, d'un esprit entreprenant, se pro-« pose résolûment d'atteindre le but. Dès 1809, il fait

« des essais , et bientôt, inconnu, sans fortune, aidé
« d'un ami nommé Parsy, associé à son beau-frère
« M. Dellisse, il prend la résolution d'établir une fa-
« brique de sucre indigène à Lille, rue de l'Arc.

« Ses appareils sont bien simples et bien imparfaits,
« ses moyens bien restreints, mais son zèle est grand,
« et son sens pratique est exquis. En 1810, il présente
« au maire de Lille et expose dans cette ville un pain
« de sucre indigène obtenu avant celui que produi-
« sirent MM. Barruel et Isnard, et fabriqué par des
« procédés différents que ceux indiqués par ces chi-
« mistes. Pendant la première année, M. Crespel tire
« de la betterave 500 kilogrammes de sucre brut; pen-
« dant la deuxième année, il en tire 10,000 kilos, et
« son succès va croissant.

« Mais l'invasion de 1814 arrive : la fabrique de
« M. Crespel est dévastée; ses magasins contenaient
« 50,000 kilogrammes de sucre, qui, la veille de l'inva-
« sion, valaient 8 francs le kilogramme, et qui, le
« lendemain, ne pouvaient se vendre 1 fr. 60 c.!...
« Le désastre était complet.

« Parsy était mort en 1812; le beau-frère de
« M. Crespel, effrayé de la concurrence des sucres exo-
« tiques donnés à vil prix, se retire de la société; tous
« les producteurs de sucre indigène ferment leurs
« usines, M. Crespel seul ne perd pas courage.

« Il transporte son industrie à Arras et s'apprête à

« soutenir cette lutte opiniâtre dont le résultat fut de
« conserver à la France une industrie appelée à un
« grand avenir.

« Il ne peut décider les cultivateurs à produire la
« betterave, il se fait agriculteur et alimente lui-
« même sa fabrique.

« Des savants critiquent ses procédés, il montre ses
« produits et les prix qu'ils obtiennent.

« Ses appareils, à mesure que l'expérience révèle
« des faits nouveaux, doivent être perfectionnés : il se
« fait constructeur.

« L'incrédulité le poursuit, il la confond en s'enri-
« chissant ; et appliquant au développement de son
« industrie les bénéfices que lui procure un travail
« incessant, ingénieux, plein de foi, il fonde trois
« fabriques dans le département du Pas-de-Calais.

« Ce qui fait le caractère particulier des travaux de
« M. Crespel, c'est qu'ils ne semblent avoir pour but
« que de prouver la valeur de l'industrie qu'il a em-
« brassée avec un zèle ardent et de la répandre. Il se
« donne la mission de propager la sucrerie indigène,
« qu'il considère comme une source de richesse pour
« son pays. Ses ateliers et ses fermes sont comme des
« écoles où sont reçus tous ceux qui se présentent
« pour apprendre à travailler. Il s'associe volontiers à
« ceux qui veulent installer des fabriques dans de
« nouvelles régions ; il exploite jusqu'à huit sucreries

« dans les départements du Pas-de-Calais, de la
« Somme et de l'Oise. On peut dire qu'il a travaillé
« dans tous les départements qui sont restés les plus
« grands producteurs du sucre en France. En 1824 il
« en produisait déjà 100,000 kilogrammes, en 1826
« 400,000 kilogrammes. Dans ses huit fabriques il
« est arrivé à en produire 2,500,000 kilogrammes
« extraits presque en totalité de betteraves récoltées
« sur ses terres, il a cultivé 2,278 hectares, occupé
« 2,500 ouvriers, acquitté 1,250,000 francs d'impôt
« annuel.

« C'est des grandes usines formées autour de la
« fabrique d'Arras qu'est sortie cette cohorte d'indus-
« triels intrépides qui fit des prodiges pour surmonter
« les difficultés qui entouraient la production nais-
« sante. Dire tous les obstacles qu'ils rencontrèrent
« serait en quelque sorte impossible; il s'agissait
« d'extraire le sucre organiquement associé, dans la
« proportion de quelques centièmes, à des principes
« qui le masquent et le dénaturent pour ainsi dire;
« il fallait choisir les variétés de betteraves les plus
« riches, adopter le mode de culture le plus conve-
« nable, employer les engrais qui n'introduisent pas
« dans la plante des éléments nuisibles à l'extraction
« du sucre, récolter et conserver une racine gorgée
« de sucre, trouver des procédés pour la réduire éco-
« nomiquement en pulpe, des presses assez puissantes

« pour en exprimer la totalité des jus ; il fallait pré-
« server ces jus de la fermentation, les purifier, les
« clarifier, les décolorer, les cuire et obtenir les cris-
« taux saccharins débarrassés des principes qui leur
« donnent une saveur détestable ; on eut recours à la
« cristallisation lente : elle ne pouvait donner de ré-
« sultats réels ; on employa les acides ; ils altéraient
« le sucre cristallisable ; puis la chaux, puis l'insuffla-
« tion de l'acide carbonique, le noir animal et les
« sulfates ; on fit cuire les jus à feu nu, puis à la va-
« peur, puis dans le vide, en masse et par portions
« successives dans les appareils les plus variés et les
« plus compliqués ; si difficiles étaient les opérations,
« qu'on imagina d'obtenir le sucre par macération
« directe ou précédée de la dessiccation des betteraves ;
« on tenta de précipiter le sucre par la baryte ou, au
« contraire, de dissoudre par l'alcool tous les corps
« qui l'accompagnent et de le recueillir après l'avoir
« isolé. Tous les ans on était réduit à modifier l'in-
« stallation des fabriques et à créer à grands frais de
« nouveaux appareils : jamais semblable spectacle n'a
« été donné par l'industrie : toutes les sciences, tous
« les arts ont été interrogés, et la sucrerie indigène,
« dont les commencements furent si difficiles, si labo-
« rieux, pouvait soutenir la concurrence des sucres de
« toutes les contrées du monde.

« M. Crespel fut longtemps l'unique promoteur du

« grand mouvement industriel que nous venons de
« signaler, et il se maintint constamment à la tête de
« la production indigène.

« . . . . . Le fondateur de l'empire qui encouragea
« la production du sucre indigène, les intrépides tra-
« vailleurs qui l'ont conservé à la France au travers
« des vicissitudes les plus terribles, changeant sans
« cesse leurs appareils dispendieux, métamorphosant
« leurs méthodes, interrogeant et les sciences et les
« arts, poursuivant les inventions les plus ingénieuses,
« se sont dévoués à une œuvre qui méritera la recon-
« naissance de l'avenir.

« Au premier rang de ces hommes intelligents, dé-
« voués, énergiques, est M. Crespel-Dellisse. A lui
« appartient l'honneur de n'avoir pas désespéré du
« salut d'une industrie de premier ordre, de l'avoir
« perfectionnée au point de la rendre lucrative, de
« l'avoir propagée et installée dans tous les départe-
« ments qui ont encore le privilége de la mieux pra-
« tiquer.

« L'Empereur a pensé que son gouvernement était
« tenu de demander au Corps législatif d'accorder au
« vétéran de la sucrerie indigène, une pension qui
« sera tout à la fois un secours nécessaire et une ré-
« compense méritée.

« Nous pensons qu'après avoir accordé à titre de
« récompense nationale une pension à la veuve de

« M. E. Burnouf et aux héritiers de Philippe de Gi-
« rard, comme l'avaient fait les anciennes assemblées
« en faveur de M. Vicat, etc..., le Corps législatif
« voudra s'associer à la pensée du gouvernement en
« adoptant le projet de loi que nous avons l'honneur
« de soumettre à ses délibérations.

« ART. UNIQUE : *Il est accordé à M. Crespel-Dellisse,*
« *pour les services exceptionnels rendus par lui à l'in-*
« *dustrie sucrière indigène, une pension viagère de*
« *6,000 francs.* »

Adopté par le Conseil d'État et par le Corps législatif, à l'unanimité, ce rapport de M. Lestiboudois
n'est-il pas le plus magnifique plaidoyer qui puisse se
faire en faveur d'un soldat de l'industrie ?

Que fût-il advenu donc, si l'Assemblée législative,
qui a honoré ce rapport d'une approbation unanime,
eût pu jeter les yeux sur les trois énormes volumes
in-folio, dans lesquels j'ai réuni et classé près de
deux mille lettres écrites à M. Crespel-Dellisse, de
1810 à 1864, de tous les pays du monde et par les
plus hautes illustrations de l'époque.

Tous ces autographes, qui forment un monument
élevé à l'industrie du sucre indigène, s'accordent inva-
riablement sur ce point : *Crespel-Dellisse est vérita-*
blement le père de cette industrie !

Ces deux mille lettres s'accordent encore sur cet
autre point.

6

Crespel-Dellisse a lutté par patriotisme! Et non-seulement il a fabriqué des produits hors ligne, mais il a instruit, mais il a répandu cette instruction dans le monde entier, avec le plus généreux, avec le plus rare désintéressement.

Plus d'une fois déjà les volontés de Napoléon Ier ont été pieusement accomplies par Napoléon III.

Le Neveu n'entend pas que l'on proteste l'Oncle.

C'est donc à ce noble sentiment, à cette générosité qui a fait ses preuves, que j'adresse ce suprême appel.

L'empereur Napoléon Ier a-t-il promis un million pour le sucre indigène?... Oui! dit-on partout [1].

Ce million, promis en 1811, pour être *décerné* en 1812, a-t-il été donné? Non.

Ne laissons pas mourir celui qui l'a si rudement gagné!

---

[1]. Quelle baguette enchantée que ce million, si l'on jugeait qu'il dût être attribué à M. Crespel! L'État retrouverait de suite ses 800,000 fr. — Et il en resterait 260,000 à M. Crespel pour reconquérir sa liberté d'action et relever sa fortune, aux applaudissments de la France entière!

VII.

LA QUESTION DU SUCRE INDIGÈNE

TRAITÉE PAR NAPOLÉON III.

S'il nous fallait absolument une conclusion naturelle à tout ce qui précède, nous la trouverions dans l'important travail intitudé : *Analyse de la question des sucres*, publiée en 1842, par le prince Louis-Napoléon Bonaparte.

L'étude sortie de la plume éloquente de l'illustre prisonnier résume avec une parfaite lucidité la question du sucre indigène telle qu'elle se présentait en 1842. Les faits y sont exposés avec gravité. Malgré la chaleur des discussions contemporaines, l'auteur ne se passionne pas ; son style reste toujours sérieux et magistral. Il reproche même avec raison aux hommes qui se sont occupés de la question, d'avoir mis trop de feu dans la défense de leur cause, et leur rappelle avec à-propos cette parole si vraie de Montesquieu : *La passion fait sentir, mais jamais voir.*

La préface de ce beau travail est presque tout entière dans ce paragraphe :

« Si je croyais l'invention d'Achard contraire au « bien-être du plus grand nombre, je l'attaquerais mal- « gré son origine impériale. Je suis citoyen avant d'être « Bonaparte ! »

Je saisis avec d'autant plus d'empressement l'occasion qui se présente d'analyser en quelques lignes le travail de Napoléon, que cette analyse met ma responsabilité à couvert, et prouve que dans tout ce qui précède, je n'ai dit que la vérité, que mon intention n'a jamais été d'offenser qui que ce soit, pas plus le fisc que ceux qui ont frappé sans merci l'homme dont je me fais aujourd'hui le défenseur, qu'enfin il est impossible de m'accuser de sentir et de ne pas voir ; car avant tout, *je vois et je sens.*

Pour montrer combien la vérité est pour moi chose sacrée, et avec quelle équité je l'accepte et la proclame, je commencerai par relever une erreur dans les premières pages de l'étude napoléonienne.

En effet, le prince Louis-Napoléon semble attribuer la première production *industrielle* du sucre de betterave à M. Benjamin Delessert, qui reçut, comme nous l'avons dit, la croix de la Légion d'honneur en 1812, tandis qu'en 1810, le problème était déjà résolu par M. Crespel qui. nous le répétons encore, tirait

500 kilogr. de sucre du parenchyme de la betterave ; et, en 1811, en extrayait 10,000 kilogrammes.

C'est donc bien à M. Crespel qu'est due la *première production industrielle*; c'était donc à lui que revenait, dès cette époque, la première croix donnée au sucre indigène.

Cette réflexion faite, je poursuis :

L'édifice napoléonien ne sombra pas tout entier avec l'Empereur; les grandes créations restèrent debout, et le sucre de betterave survécut au milieu de ses ruines.

La restauration protégea la nouvelle industrie; mais après 1830, sa destruction sembla être un système arrêté ; les combinaisons les plus infernales menacèrent de l'étouffer.

Les droits sur les sucres coloniaux étaient de 45 en 1822, en 1833 et en 1840. Aux mêmes époques les droits sur les sucres étrangers sont de 95, 85 et 60, et la surtaxe s'abaisse en proportion. En 1822 cette dernière est de 50 ; en 1833 de 40 ; en 1840 de 20. — Étrange moyen de protection !

Depuis 1830 on ne s'est préoccupé que de sauvegarder aveuglément les intérêts du trésor, et, dans ce but, on a refoulé la production indigène et.coloniale au risque de tuer l'une par l'autre.

On a été plus loin : le sucre indigène servit de bouc-émissaire et fut rendu seul responsable du malaise; la surtaxe suivit la voie décroissante, et on parvint à

6.

persuader aux colonies et à la marine que leur prospérité dépendait de la ruine du sucre de betterave.

Avant de continuer, je ferai remarquer que toutes ces idées ont été émises en 1842 et qu'elles sont l'expression exacte des faits qui se sont passés à cette époque.

L'auteur fait ensuite le compte des charges qui furent accumulées en treize mois sur la fabrication indigène.

Impôt établi le 1er juillet 1838.	11 fr.	»
Complément d'impôt du 1er juillet 1839.	5	50
Dégrèvement du sucre colonial par l'ordonnance du 21 août 1839.	13	20
Différence totale au préjudice de la production indigène.	29	70

Aussi vit-on, en 1841, les colonistes s'écrier avec passion, en parlant des producteurs de sucre indigène : *tuez-les !* et les producteurs, M. Crespel-Dellisse en tête, répondre, avec résignation, à ce cri farouche ces deux mots : *tuez-nous !*

Les pages qui viennent ensuite sont consacrées à l'étude de la question envisagée sous le sextuple rapport agricole, industriel, colonial, maritime, financier et du consommateur; elles établissent péremptoirement que, agricolement parlant, la fabrication du sucre de betterave a pour la France une bien autre importance que toutes ses colonies réunies.

Elles prouvent, au point de vue industriel, que la

culture de la betterave et sa transformation en sucre retiennent les ouvriers dans les campagnes, leur assurent de l'ouvrage pendant les mauvais jours, les initient aux bonnes méthodes de culture, à la science industrielle, à la pratique des arts chimique et mécanique, et favorisent enfin l'organisation rationnelle des sociétés et la sécurité des gouvernements, parce qu'en effet créer l'aisance; c'est assurer l'ordre.

Elles prouvent au point de vue maritime et colonial, que l'intérêt de la marine, mis en avant par quelques économistes, n'est qu'un prétexte pour intimider les partisans de l'industrie continentale.

Elles prouvent, quant aux intérêts du trésor, que les auteurs de cette objection ont commis une grave erreur; et en effet, de 1827 à 1842 les bénéfices dont le gouvernement a profité se sont constamment augmentés de 2 millions par an, et depuis 1838, époque où le sucre indigène a été imposé, ces bénéfices se sont élevés de 4 millions en moyenne.

Elles prouvent qu'outre l'impôt progressif, le sucre indigène a régulièrement acquitté des droits en dehors du principe direct, tels que : Droits de succession sur les biens ruraux, patentes, licences, portes et fenêtres, navigation sur les canaux de toutes les matières destinées à la production, etc., etc. . . . . Des chiffres posés il résulte que si l'on eût admis, dans la discussion, les chiffres officiels, en établissant un parallèle entre les intérêts provenant du sucre colonial et du sucre indigène, la suppression de ce dernier eût indubitablement amené la ruine du premier au profit des sucres étrangers.

Ces pages éloquentes prouvent enfin que la fabrication du sucre indigène ne saurait être contraire à l'intérêt des consommateurs.

Si, par exemple, on eût voulu protéger la canne à sucre au détriment de la betterave, on n'eût eu qu'à abaisser la surtaxe sur les sucres étrangers. En supposant qu'il fût résulté de cette mesure une diminution de droits de 20 centimes par kilogramme, comme la France consommait, en 1842, 110 millions de kilogrammes de sucre, on eût obtenu, pour la consommation générale, une économie de 22 millions, soit : 67 centimes par individu. Ce profit bien minime, qui n'aurait été que momentané, aurait ruiné immédiatement une industrie qui faisait vivre alors cent mille familles et donnait lieu à un mouvement financier de plus de 100 millions.

Il est hors de doute que la suppression de la fabrication eût amené une diminution dans la main-d'œuvre ouvrière, une augmentation ultérieure du prix de la denrée, et que la conservation de la fabrication continentale intéresse tout à la fois le consommateur, l'agriculture, l'industrie et la navigation intérieure.

Passant à l'application fiscale, le prince Louis-Napoléon met à nu sans pitié les tristes plaies qu'engendre l'exercice. Je suis heureux que cette haute autorité vienne corroborer mes appréciations personnelles, donner plus de force aux faits que j'ai relatés, et démontrer, une fois pour toutes, combien l'industrie sucrière, en la personne de M. Crespel, a eu à souffrir de l'exercice.

. On a demandé, ajoute le prince Louis, dans son admirable travail, en parlant de l'impôt, que les deux produits également français — canne et betterave — soient soumis au même droit, et cela au moment où l'on parlait de la suppression, avec indemnité, de l'industrie continentale. Or l'égalité d'impôt eût amené la ruine de la fabrication et sa suppression sans indemnité.

L'égalité de l'impôt sur les sucres coloniaux et indigènes eût été une flagrante injustice, parce qu'aux colonies les contributions foncières n'existaient pas, et qu'on ne prélevait alors que la capitation des noirs; que chaque habitant ne payait qu'un impôt moyen de 17 francs, tandis qu'à cette même époque l'impôt en France était de 38 francs par tête.

Au point de vue des contributions indirectes, la perception qui frappait les sucres coloniaux et les sucres indigènes n'était pas la même. L'impôt sur le sucre colonial se percevait sur *la consommation*, tandis que sur le sucre indigène, il se prélevait sur la *fabrication*.

Le colon payait lorsqu'il vendait; le fabricant français payait au fur et à mesure de sa production; si bien que ses opérations étaient continuellement surveillées par une nuée d'employés de tous ordres. Le fisc pénétrait dans son intérieur, épiait ses moindres mouvements, sondait tous les coins et recoins de sa maison, imposait le droit, même avant que le sirop ne fût cristallisé, si bien que le fabricant perdait l'intérêt de l'argent versé par lui aux contributions indirectes.

« *Les employés du fisc,* dit Napoléon, avec une mor-
« dante ironie, *ont le droit de murer les portes de*
« *communication, entre une usine et les maisons adja-*
« *centes. Si, en France, le charbonnier est maître chez*
« *lui, on ne peut certes pas en dire autant du fabricant*
« *de sucre.* »

Envisagée dans d'autres conditions, l'égalité d'impôt sur les deux produits, eût encore été injuste, car le colon n'était pas obligé de payer la dette de la conscription; bien au contraire, la France envoyait aux colonies des hommes du continent enlevés à l'agriculture, pour défendre les colons contre leurs esclaves, ce qui coûtait annuellement à la métropole 7 millions.

Ainsi donc en présence des droits dont on a accablé l'industrie sucrière indigène et de la mauvaise part qui lui a été faite avant qu'elle n'ait atteint sa virilité, est-il surprenant de voir les ruines nombreuses qui ont été la conséquence d'un semblable système, de voir le plus considérable fabricant, M. Crespel-Dellisse, écrasé sous le poids d'un régime aussi partial, régime qui permettait aux colons de profiter du travail de l'esclave, moins cher que le travail de l'homme libre, de payer moins d'impositions, de n'avoir des produits taxés que lors de la consommation, et de jouir en outre de l'exemption du service militaire?

En 1842, le prince Louis-Napoléon proposait de modifier la législation dans les termes suivants :

« 1° Diminuer de 7 francs par 100 kilogrammes
« l'impôt qui frappe la fabrication indigène, et reporter
« sur la consommation le droit qui frappe aujourd'hui
« la fabrication ;

« 2° Soumettre les sucres de Bourbon au même
« taux que les sucres des Antilles françaises ;

« 3° Supprimer l'élévation du droit qui place les
« sucres bruts blancs des colonies dans une position
« moins favorable que les sucres d'une autre nuance ;

« 4° Réduire les taxes à l'entrée sur les produits
« coloniaux qui n'ont pas de similaires en France ;

« 5° Abaisser de 70 à 67 par 100 kilogrammes le
« rendement des sucres coloniaux à leur sortie à l'état
« de raffinage, et porter de 70 à 75 par 100 kilo-
« grammes le rendement sur les sucres étrangers ;

« 6° Permettre aux colonies l'exportation directe à
« l'étranger de leurs sucres sur bâtiments français ;

« 7° Les autoriser à raffiner chez elles le sucre

« qu'elles consomment et qu'elles peuvent exporter
« directement à l'étranger ;

« 8° Enfin établir dans l'intérêt des deux produc-
« tions françaises et pour l'avantage des consomma-
« teurs, une surtaxe sur les sucres étrangers, mobile
« et proportionnelle au prix courant des sucres. »

Quoi de plus rationnel ! surtout dans les conditions
où était alors l'industrie sucrière ? Quoi de plus
juste, par exemple, que ce premier article qui tendait
à rendre la perception de l'impôt moins vexatoire en
adoptant le système employé pour les eaux-de-vie dont
les droits se prélèvent à la consommation.

De ces hautes considérations qui ne sauraient être
analysées ici, il résulte :

« Que la prospérité de la France est totalement
« opposée à la destruction de la betterave, de quelque
« manière que l'on s'y prenne, de quelque côté qu'on
« envisage les conséquences. La conserver en alliant
« son existence au bien-être des colonies est la seule
« mesure praticable : la raison l'indique au gouver-
« nement, son devoir l'y oblige. »

Voilà qui est clair, évident, posé sans dilemme, voilà
ce qui eût dû être fait et accepté quand il en était
temps, et nous n'aurions pas à regretter la ruine de
tant de manufactures.

La question industrielle n'eût pas été arrêtée dans
son essor ; la question agricole y eût gagné, et la

France ne se fût pas vue dans l'obligation d'accorder au promoteur ruiné de l'industrie sucrière en France une pension viagère de 6.000 francs.

Au commencement de ce dernier chapitre, j'ai relevé une erreur au sujet de M. Benjamin Delessert, je ne puis en terminant, m'empêcher de faire une observation qui me paraît avoir sa raison d'être.

Pourquoi, dans ce brillant plaidoyer en faveur du sucre indigène, le prince Napoléon ne prononce-t-il pas une seule fois le nom de M. Crespel, le nom de celui à qui l'on doit la première application industrielle et qui a toujours marché sans faiblir à la tête de la fabrication? Cet oubli, à coup sûr, involontaire, me semble d'autant plus malheureux que le même prince adressait de Ham, en 1842, à M. Crespel, un exemplaire signé, de sa main, de sa remarquable étude, et qu'il connaissait par conséquent la valeur de l'éminent fabricant; qu'en ces derniers temps l'empereur Napoléon III n'a pas oublié l'industriel d'Arras; qu'il lui a donné en maintes occasions des marques de sa sollicitude, et que c'est grâce à sa haute initiative, nous ne saurions trop le redire, que le Conseil d'État, le Corps législatif et le Sénat viennent enfin de reconnaître de la manière la plus éclatante les droits et les titres de M. Crespel-Dellisse.

J'ai promis de rappeler les paroles prononcées par l'honorable comte de Beaumont lorsqu'il a présenté

au Sénat son rapport sur la loi votée par le Corps
législatif.

Les voici :

« Chargé par votre commission de faire le rapport
« sur la loi votée par le Corps législatif, accordant une
« pension de 6,000 francs à M. Crespel-Dellisse, j'ai
« accepté, avec d'autant plus d'empressement, que
« j'ai suivi, pendant plus de trente ans, les travaux
« de cet honorable industriel qui, partout et toujours,
« est resté ferme et inébranlable dans la poursuite de
« son œuvre ; qui, dans la bonne comme dans la
« mauvaise fortune, n'a eu qu'un but, améliorer sa
« fabrication et la culture des terres servant à son
« industrie.

« Ce qui le recommande le plus à la sympathie du
« Sénat, c'est qu'au lieu de garder pour lui les amé-
« liorations qu'il obtenait, il s'empressait de les rendre
« publiques, et engageait ses concurrents et les culti-
« vateurs à visiter ses fabriques et ses cultures, leur
« expliquant ses nouveaux procédés, donnant ainsi le
« meilleur enseignement pratique.

« C'est donc à lui que l'agriculture et l'industrie
« sucrière doivent les progrès qui ne se sont pas ar-
« rêtés un instant depuis un demi-siècle ; mais cet
« entraînement à toujours perfectionner, qui a été
« si profitable au pays, et aussi le remaniement pres-
« que annuel de la loi des sucres, ont amené sa ruine.

« L'Empereur, juste appréciateur des services ren-
« dus, n'importe dans quelle carrière, a voulu que ce
« grand industriel, à la fin de la sienne, si laborieuse-
« ment, si honorablement remplie, fût traité à l'égal
« des hommes qui ont rendu les services les plus
« éminents.

« Sa Majesté a si bien compris les sentiments du
« pays, que les représentants élus de la France, de-
« vant la demande d'une simple pension, ont voté à
« l'unanimité, avec l'assentiment du gouvernement,
« que cette pension serait accordée à titre de récom-
« pense nationale.

« C'est, messieurs les sénateurs, un grand hom-
« mage à des travaux modestes ; cet acte sera vive-
« ment apprécié par tous nos cultivateurs, cette force
« vive de la nation, si longtemps négligée : ils y ver-
« ront que sous un gouvernement national, la justice
« comme les récompenses sont égales pour tous.

« Je m'arrête, messieurs les sénateurs, je pourrais
« énumérer un à un les nombreux services rendus,
« tous les actes d'une vie laborieuse et honorable ;
« mais vous avez sous les yeux l'exposé des motifs du
« gouvernement et le rapport de M. le marquis d'Ha-
« vrincourt qui déjà les expose si bien. Cet ensemble
« forme un dossier qui sera religieusement conservé
« par M. Crespel-Dellisse ; il le placera à côté de plus
« de deux mille lettres reçues de tous les pays, dans

« lesquelles on le remercie de ses nouvelles décou-
« vertes et des nouveaux progrès qu'il a fait faire à
« l'industrie sucrière. En effet, messieurs les séna-
« teurs, une belle vie, couronnée par une récompense
« nationale, surpasse de beaucoup toute autre distinc-
« tion.

« La présente loi ne portant aucune atteinte aux
« principes renfermés dans l'art. 26 de la Constitu-
« tion, votre commission, messieurs les sénateurs, a
« l'honneur de vous proposer de ne pas s'opposer à
« sa promulgation.

« Le Sénat décide que la délibération aura lieu im-
« médiatement.

« M. le baron Lacrosse, sénateur secrétaire, donne
« lecture du texte de la loi.

« M. le président. Personne ne demande la parole?...
« Il est procédé au scrutin.

« En voici le résultat :

> « Nombre de votants. 86
> « Bulletins blancs. 86
> « Unanimité! »

Ainsi donc l'Empereur, le Conseil d'État, le Corps
législatif, le Sénat et l'opinion publique, ont consacré
les droits et les titres de M. Crespel-Dellisse!...

C'est de la vraie gloire, ou je ne m'y connais pas!

VIII.

DERNIÈRE PHASE.

Afin de compléter les documents historiques et statistiques qui précèdent, je crois devoir y ajouter l'analyse de la discussion qui a eu lieu les 15, 16, 18, et 19 avril 1864, au sujet des modifications de la loi sur les sucres.

Cette discussion me paraît avoir une haute portée industrielle et commerciale.

J'aurais pu la condenser en quelques lignes, mais j'ai préféré laisser aux honorables membres de l'Assemblée législative la valeur intrinsèque de leurs idées et de leurs sentiments, afin que si plus tard d'autres modifications venaient à se produire, il fût facile de pouvoir apprécier la portée réelle des convictions de chacun.

QUESTION DES SUCRES — LOI D'AVRIL 1864.

DISCUSSION GÉNÉRALE.

— M. Granier de Cassagnac admet le projet de loi, non comme un principe définitif, mais seulement comme une épreuve à faire.

Selon lui, la Hollande attire chez elle les sucres que ses colonies produisent, et elle frappe d'un droit de sortie ceux qui veulent aller à l'étranger.

L'Angleterre a interdit la culture de la betterave, elle a désorganisé ses colonies et a su se créer un vaste marché où les sucres du monde entier se réunissent.

Notre législation, à nous, doit avoir pour objet de sauvegarder les intérêts de la marine et d'abaisser les taxes, afin d'attirer sur nos marchés les sucres de toutes provenances.

Il n'en est malheureusement pas encore ainsi : la France a temporairement désorganisé ses colonies, elle cultive la betterave et cependant la betterave et la vigne la mettent à la tête de l'industrie agricole.

La loi nouvelle s'annonce comme un lien de conciliation entre la canne des colonies et la betterave. La France ne saurait néanmoins donner la préférence à l'une au détriment de l'autre, car la betterave est, dans notre pays, une culture de premier ordre, et d'autre part, la France a besoin de ses colonies pour maintenir sa puissance militaire et protéger son vaste commerce.

Nous avons donc un double interêt à sauvegarder et les colonies et la production indigène; pour atteindre ce but, voici les garanties présentées par le projet de loi :

Au sucre de betterave la faculté nouvelle de sortir après le raffinage et même avec une prime contenue dans le drawback[1]. Aux colonies, une détaxe, consistant en une remise de droit de 5 francs pendant trois ans, et de 3 francs 60 centimes pendant trois autres années. Aux deux intérêts, il offre la protection d'une surtaxe sur les sucres étrangers, importés sous pavillons étrangers.

La loi semble vouloir placer les colonies dans des conditions raisonnables de concurrence et leur permettre de combattre à armes égales avec les autres centres de production.

---

1. Le rendement de 100 kilos de sucre brut est de 79 kilos; on rembourse actuellement pour 79 kilogrammes de sucre raffiné le droit qui a été payé pour 100 kilos de sucre brut. Ce remboursement est trop considérable, parce que 100 kilos de sucre brut rendent plus de 79 kilos de sucre raffiné. Il reste toujours entre les mains du raffineur 5, 6 ou 7 kilos que le fabricant peut livrer à la consommation sans payer l'impôt. C'est la prime contenue dans le drawback.

— M. Lambrecht admet aussi en principe que la loi proposée est une loi de conciliation ou au moins de pondération, en ce sens qu'elle accepte l'admission du sucre indigène au drawback, et les inquiétudes des intérêts maritimes coloniaux lui semblent exagérées.

Qu'entend-on par le drawback? C'est l'admission de réclamer à la sortie le droit que le sucre brut a payé à l'entrée. (Voir la note ci-contre.)

Aujourd'hui que le sucre indigène est soumis à la loi commune ou, en d'autres termes, n'est plus protégé, c'est justice que de l'admettre aux conditions du drawback. Cette admission ne saurait en rien nuire à l'intérêt des colonies. D'ailleurs, afin de sauvegarder ces intérêts, le Conseil d'État a admis la détaxe de 5 francs pendant trois ans, et la réduit à 3 francs 50 centimes pour les trois autres années.

L'orateur ne s'inquiète pas des craintes du commerce, qui s'imagine que les 110 millions de kilogrammes de sucres étrangers qui sont entrés en France en 1863 doivent aller à l'étranger ; c'est suivant lui une erreur, et ses raisons nous paraissent excellentes ; car, la canne contenant 15 à 20 pour 100 de sucre, tandis que la betterave n'en contient que 5 à 6 pour 100, la canne saura toujours bien se défendre sur tous nos marchés. Quant aux frais de transport, ils sont pour les deux natures de produits exactement égaux.

Au point de vue des intérêts maritimes, il n'est pas difficile de prouver que les craintes ne sont pas fondées, car le sucre étranger importé sous pavillon étranger est frappé d'une surtaxe de 2 francs dont on lui restitue la moitié, lorsqu'après le raffinage il sort de France. Il est, suivant M. Lambrecht, un moyen bien simple d'équilibrer la position, c'est de ne rien restituer.

La commission avait demandé l'adoption de cette mesure, le Conseil d'État l'a refusée ; c'est là, suivant l'orateur, une faute regrettable.

On accuse, en outre, le sucre indigène de porter atteinte à notre marine. Or, en 1827, le mouvement de nos colonies et de l'étranger était de 77,000 tonnes; aujourd'hui, malgré le sucre indigène, il est de 218,000 tonnes.

— M. Arman considère la loi comme temporaire ; ce qu'on pourrait seulement lui reprocher, c'est d'être en contradiction avec la liberté inaugurée par le traité de commerce.

Suivant M. Arman, l'application du drawback au sucre indigène est une anomalie.

Il est d'avis de retarder le vote de la loi et de le renvoyer à l'année prochaine, afin de mettre la décision en harmonie avec ce qui existe en Hollande et en Angleterre.

— M. Pinard fait observer que le rendement du

sucre brut le plus commun et du sucre brut le plus beau présente une différence de 9 francs, tandis que la commission ne l'évalue qu'à 2 francs.

En conséquence, il demande : le renvoi de l'article 1er, afin de changer le mode de tarification par les types ; le renvoi de l'article 2 pour rétablir le traitement de faveur pour les provenances des colonies au delà du Cap ; le renvoi de l'article 5 pour y inscrire la disposition relative à la restitution entière de la surtaxe dans le cas de la suppression de la prime d'exportation.

— Depuis trois ans, dit M. LE VICOMTE DE LANJUINAIS, il y a eu sept modifications de la loi des sucres ; ces modifications ont, à tour de rôle, jeté de grandes perturbations dans l'industrie sucrière.

Si le décret du 24 juin 1861 a accordé le drawback avec prime aux sucres coloniaux venus par pavillons étrangers, il ne voit pas la raison qui militerait en faveur de l'admission du drawback des sucres indigènes.

La production du sucre de betterave est de 170 millions de kilogrammes, celle du sucre de canne de 112 millions ; dans des conditions semblables de prospérité, l'orateur se demande pourquoi on accorderait encore un privilége à la betterave ? aussi votera-t-il contre le projet de loi.

— M. D'HAVRINCOURT défend le projet, en ce sens

qu'il y a, suivant lui, égalité dans la production du sucre indigène et du sucre colonial. Si, au départ, ce dernier est plus riche en matière saccharine, lors du raffinage l'égalité se rétablit.

L'admission au drawback du sucre indigène aura pour objet de permettre son exportation, et aujourd'hui, en ne lui restituant pas à la sortie des droits payés par avance, il ne peut être consommé qu'à l'intérieur, d'où résulte que l'exportation du sucre indigène ne saurait avoir lieu sans l'admettre au drawback.

M. d'Havrincourt regarde la loi comme bonne, mais suivant lui elle ne saurait être que provisoire, l'avenir d'une bonne législation reposant essentiellement sur le principe de l'impôt à la consommation.

— M. DE FORCADE DE LA ROQUETTE rappelle que la législation antérieure n'admettait pas le sucre indigène au drawback; le drawback n'existait que pour les sucres importés, et cependant, en réalité, le sucre indigène fait partie du droit commun. Si ce droit commun n'a pas été appliqué de suite, c'est qu'il s'agissait de sauvegarder les intérêts de la marine, mais en bonne justice, il était nécessaire de généraliser l'application.

Le projet de loi, suivant l'orateur, a un double but, celui de généraliser le drawback et celui de rendre les conditions du drawback moins onéreuses pour le trésor.

Si l'application du drawback repose sur le droit commun, elle n'exclut pas dans le projet une faveur spéciale pour la production coloniale, puisqu'elle consacre un principe de détaxe.

La loi actuelle n'est pas une loi fiscale, elle ne repose que sur la généralisation d'un droit et sur un principe conservateur en faveur du trésor.

En effet :

Aujourd'hui le rendement est unique et est fixé à 79 kilos. Désormais l'échelle proportionnelle sera de 78 kilos au-dessous du n° 10 ; 80 kilos du n° 10 au n° 13, et 83 kilos au-dessus du n° 13, soit une moyenne de 81 kilogrammes.

Si on rapproche cette moyenne du chiffre 79, on trouve une élévation de 2 kilos dans le rendement, et alors la perte qui résultera de la détaxe coloniale sera compensée par le bénéfice qui sera recueilli par le trésor.

DISCUSSION DE L'ARTICLE Ier.

— M. GUILLAUMIN fait observer que l'article 1er fixe, d'après les types, les droits sur les sucres bruts et raffinés; à ce point de vue, il vient combattre le principe des types, parce que le type, portant sur la couleur n'indique, en aucune manière la richesse saccharine.

L'impôt des sucres étant un impôt de consommation, doit reposer sur la valeur saccharine du produit ; à cet effet, on a inventé le saccharimètre et le densimètre. L'emploi de ces deux instruments paraît à l'orateur plus légal, plus mathématiquement scientifique que de faire reposer l'impôt sur la différence des couleurs, aussi demande-t-il la proportionnalité de l'impôt dans ce qu'il a de plus absolu.

— M. Malézieux, en présence de l'incertitude qui résulte de l'emploi du saccharimètre et de la détermination des types par la couleur, demande qu'on s'en tienne, à ce point de vue, au système actuel, qui frappe tous les sucres d'un droit unique, ou en d'autres termes le maintien du type unique.

— M. de Lavenay, *commissaire du gouvernement*, s'attache à prouver que ni le saccharimètre, ni le densimètre ne peuvent donner exactement la mesure saccharine des sucres ; que jusqu'à cè jour on ne peut s'arrêter qu'au système des types, système que l'Angleterre a admis en principe. En conséquence il prie la chambre d'adopter les dispositions de l'art. 1er.

— M. Pinart admet bien les difficultés qui résultent de l'emploi du saccharimètre, mais il propose d'installer dans chaque port, dans chaque grand centre, un bureau spécial d'essais. On arriverait, ajoute-t-il, à une approximation qui oscillerait entre 1 ou 2 p. 100, tandis qu'à l'aide des types actuels, on oscille entre 15 et 20 p. 100. En somme il est urgent que l'impôt soit établi sur la proportionnalité.

— M. Buffet cherche à prouver que la vraie tarification ne peut s'établir ni sur les types, ni sur les expériences du saccharimètre, mais bien sur l'impôt basé sur la consommation; aussi repousse-t-il l'art. 1er et se rallie-t-il aux observations présentées dans la discussion générale par M. d'Havrincourt.

— M. Gressier, *rapporteur,* démontre qu'on ne peut appliquer l'impôt à la consommation, qu'en se servant du saccharimètre; malheureusement le saccharimètre n'est pas encore un instrument de précision.

L'établissement de l'impôt à la sortie, proposé par M. d'Havrincourt, serait seul applicable dans ce cas.

On a dit, ajoute l'honorable membre, que la loi était faite dans l'intérêt de la raffinerie. D'autres, parmi lesquels, il faut citer M. Buffet, n'y trouvent qu'une heureuse disposition relative seulement aux poudres blanches.

— M. O'Quin demande avec instance le renvoi de l'art. 1er à la commission.

— Suivant M. Rouher, il y a dans la loi proposée une question de similitude et d'égalité de position. Cette égalité n'existerait pas, si les sucres étrangers, recevant un drawback de 4 francs d'entrée, avec une surtaxe de 2 francs, venaient aussi combattre avec un droit de 43 francs les poudres blanches payant 45 francs.

— M. Gressier, *rapporteur,* répond, à ce propos, que l'impôt en discussion ne grèvera le sucre que de 42 et de 44 francs, alors que celui de 1851 le grevait de 50 francs.

L'art. 1er est mis aux voix et adopté à une grande majorité.

DISCUSSION DE L'ARTICLE 2.

L'art. 2 donne lieu de la part de M. le duc de Morny aux observations suivantes.

La commission, dit l'orateur, a demandé une augmentation de la détaxe et a fixé un terme; le gouvernement accorde l'augmentation, mais il a rapproché le terme; il a voulu de plus rester seul juge de la prospérité de nos colonies.

La commission a proposé de prolonger la détaxe pendant cinq ans et demi, mais que la chambre ne s'illusionne pas, la détaxe ne compensera jamais le drawback accordé au sucre indigène.

Qu'est-ce que le drawback? C'est la restitution, à la sortie, des droits payés à l'entrée sur les matières premières. Si bien que le sucre qui offre à l'exportation le plus d'avantage est celui qui est le plus tôt réexporté.

Sous l'ancienne loi, le sucre étranger payait un certain droit, le sucre colonial un droit moindre, et le sucre indigène n'avait aucun droit à l'exportation.

Le sucre colonial était donc, vis-à-vis du sucre étranger, dans une infériorité réelle, et son exportation ne commençait que lorsque le sucre étranger était complétement exporté. Par la loi actuelle, le sucre colonial et le sucre étranger sont placés dans des conditions identiques : le sucre colonial a comme ce dernier le marché extérieur, et de plus, par la détaxe, le marché intérieur.

Quant au sucre indigène, il est éloigné des ports, et les frais de transport absorbent le plus souvent les bénéfices de l'exportation : aussi le sucre colonial, jouissant de la détaxe, est sur le même pied que le sucre étranger et domine le sucre indigène par sa position.

L'art. 2 est mis aux voix et renvoyé à la commission qui le représente modifié en ces termes :

« Les colonies françaises de l'île de la Réunion et « des Antilles jouiront d'une détaxe de 5 francs par « 100 kilogrammes du 15 juin 1864 au 1er janvier 1870, « décime compris. »

Cette nouvelle rédaction est adoptée.

DISCUSSION DES ARTICLES 3, 4, 5, 6, 7, 8 ET 9.

Les articles 3 et 4 sont adoptés sans discussion.

Le sixième paragraphe de l'art. 5 est ainsi conçu :

« Lorsque les raffinés exportés proviendront des « sucres importés par navire étranger, les soumis-

« sionnaires devront payer, au moment de l'exporta-
« tion ou de la mise en entrepôt, la moitié de la sur-
« taxe de pavillon. »

Cet article donne lieu à quelques observations de la part du rapporteur, M. Gressier, qui déclare, malgré l'avis contraire du gouvernement, que la commission persiste dans sa rédaction, parce que ce paragraphe aura pour objet de protéger notre marine marchande.

— M. Berryer appuie le projet tel qu'il a été présenté par le Conseil d'État, parce que ce projet est un pacte de conciliation entre les divers intérêts engagés dans l'industrie sucrière.

L'art. 5 est mis aux voix et adopté.

L'art. 6 règle ainsi le rendement des sucres destinés à l'exportation après raffinage.

« Sucre de toute origine et par 100 kilos de sucre
« brut :

« Au-dessous du n° 10, mêlés ou quatre cassons et
« candis, 78 kilos. — Lumps et sucres tapés de nuance
« blanche, 79 ;

« Du n° 10 au n° 13 inclusivement, mêlés ou quatre
« cassons et candis, 83 kilos. — Lumps et sucres tapés
« de nuance blanche, 81 ;

« Du n° 13 au n° 16 inclusivement, mêlés ou quatre
« cassons et candis, 80 kilos. — Lumps et sucres tapés
« de nuance blanche, 84.

« Les vergeoises du n° 13 des numéros supérieurs

« seront admissibles pour l'exportation, à la décharge
« des obligations d'admission temporaire, à raison de
« 105 kilos par 100 kilogrammes de sucre brut.

« Les sucres coloniaux et étrangers ne seront ad-
« missibles en raffinage par exportation, que lorsqu'ils
« auront été importés directement par mer des pays
« hors d'Europe. »

— A l'occasion de cet article, M. DE LANJUINAIS demande l'établissement d'un drawback spécial sur les
sucres candis.

En effet, pour faire 100 kilos de sucre candi, il faut
10 kilogrammes de sucre brut de plus que pour
faire 100 kilos de sucre de première qualité.

C'est donc une omission regrettable dans la loi,
omission qui aura pour effet de protéger les candis
belges au détriment des candis français, et puisque
les raffinés et sucres candis belges peuvent entrer en
France, il est juste que les candis français puissent
entrer en Belgique dans des conditions identiques.

Son Excellence le ministre d'État, M. ROUHER, combat
la proposition et réclame au nom du gouvernement
l'adoption pure et simple de l'art. 6.

— M. DE ROTOURS s'associe néanmoins aux observations présentées par M. le vicomte DE LANJUINAIS.

L'art. 6 est mis aux voix et adopté.

Les articles 7, 8 et 9 sont également adoptés.

Au scrutin sur l'ensemble, le projet de loi est adopté

à la majorité de 228 suffrages contre 24 sur 252 votants.

J'ai motivé, en commençant ce sujet, la forme que j'ai adoptée pour rendre compte du projet et de l'introduction dans notre législation de la nouvelle loi.

Il me reste à dire ce qui va résulter des dispositions votées par le Corps législatif.

Hier, le sucre indigène ne pouvait sortir du territoire ; on lui permet aujourd'hui de sortir après raffinage, avec la prime contenue dans le drawback.

Aujourd'hui une détaxe de 5 francs par 100 kilogrammes sur les sucres coloniaux — détaxe qui a son effet du 15 juin 1864 jusqu'au 13 janvier 1870 — vient sauvegarder les intérêts de nos colonies et de notre commerce maritime.

Aujourd'hui encore, à ces deux intérêts, la loi ajoute une surtaxe sur les sucres étrangers importés par pavillons étrangers.

Voilà réellement le vrai de la question.

Le sucre indigène se trouve donc actuellement protégé par la taxe de 2 francs qui grève les sucres étrangers.

Il a comme compensation à la détaxe des sucres coloniaux, le droit de drawback.

Telle est maintenant la situation de l'industrie sucrière en France.

Or, je me le demande : la position vient-elle de s'améliorer par la nouvelle loi? En conscience, c'est mon avis, oui! Mais ici je laisse de côté la tarification d'après les types et l'exercice qui en est la conséquence, deux principes qui auront toujours pour résultat d'entraver l'industrie sucrière en France.

Mais le sucre français de betterave ne pouvait se *cosmopolitiser*; il va aujourd'hui faire acte de présence sur tous les marchés du monde, en payant toutefois les droits d'entrée. C'est peu de chose, dira-t-on, mais ce peu de chose sera demain un pas immense fait vers le progrès.

Et ce progrès que je prévois en vaut bien un autre, car il a pour résultante la prospérité de notre agriculture, de notre marine, de notre commerce; une baisse très-probable et très-prochaine dans un article alimentaire de première nécessité, et partant, le bien-être universel.

IX.

DERNIERS MOTS.

Dans ce coup d'œil rapide sur les premières phases de l'industrie sucrière indigène, je n'ai pour ainsi dire prononcé qu'un nom.

Est-ce à dire que j'aie eu la prétention d'en exclure, tous les efforts, tous les travaux, tous les sacrifices, tous les dévouements de tant d'honorables industriels qui se sont élancés dans cette voie et qui ont scellé, de leurs ruines, les premiers succès de cette industrie naissante?

A Dieu ne plaise que je méconnaisse les illustres savants qui ont développé scientifiquement l'immense découverte de Margraff et d'Achard et les hommes intrépides qui n'ont pas craint de jeter leur fortune sur cet enjeu.

Aujourd'hui, sur des monceaux de débris, la sucrerie indigène lève fièrement la tête; c'est une industrie largement classée, ayant ses célébrités.

C'est une industrie pourvue des machines les plus imposantes et puisant sa principale force dans la chimie qui a tant fait pour elle.

Elle est représentée par des milliers de fabriques et des millions d'ouvriers! c'est une puissance avec laquelle il faut désormais compter et qui ne se soucierait pas d'être remise en question.

L'abattre ne serait plus possible... car elle a pris racine partout, et pour une fabrique qui tombe dix s'élèvent aussitôt à tous les points de l'horizon.

L'industrie du sucre de betterave est implantée en tous pays, et chaque nation pourrait présenter un contingent respectable d'industriels hors ligne ou de progrès accomplis! Remonter à la source de ce grand fleuve; rendre plus saisissants les obstacles qu'il a rencontrés pour creuser son lit; déposer aux pieds du noble vieillard qui a triomphé des premières difficultés, cet hommage respectueux de la reconnaissance publique; signaler, pour en rendre le retour impossible, les erreurs administratives qui ont produit un si désastreux effet.....

Voilà ce que j'ai voulu faire.

Et maintenant deux mots encore :

Une dernière fois, c'était le 19 juillet 1864... Je voulus savoir de mes propres yeux ce qui restait de cette splendide fabrique d'Arras!...

Et pendant plusieurs heures on eût pu voir à travers les vitres cassées par les gamins des rues... deux espèces de fantômes glissant silencieusement à travers des ruines !

Et cependant ni le feu ni l'eau n'avaient exercé là leurs ravages ! non... mais les barbares... et quels barbares !

Ah ! je me souviendrai toujours de cette pénible visite, si différente de celle que nous fîmes au même établissement en août 1855 avec le congrès scientifique d'Arras, en tête duquel brillait l'une des gloires de la chimie moderne, M. Payen. Qui eût pu prévoir à cette époque une chute si prochaine ?

J'étais donc seul avec le vénérable M. Crespel-Dellisse, et j'admirais une fois de plus son courage et sa résignation.

La vue d'un champ de bataille n'est pas plus navrante, selon moi, que le spectacle d'une grande fabrique où le silence, la solitude, l'abandon ont remplacé le travail ! Il y avait là plusieurs centaines d'ouvriers pour donner la vie à toutes ces machines que la rouille dévore ! La mort a passé par là.

Et ces puissantes machines à vapeur, ces presses perfectionnées, ces appareils de défécation et d'évaporation dans le vide, ces générateurs, ces turbines conservant encore leur ordre de travail, tous ces appareils multiples créés et construits dans des ateliers

annexés à la fabrique, ce qui faisait dire à M. Payen :
Excellent exemple, mais qui demande « pour être suivi
avec succès beaucoup de lumière et de capacité »..;
tous ces leviers de l'industrie, enfin, ne forment plus
qu'une muette rangée de cadavres.

Et cependant il faudrait si peu de chose pour re-
trouver et ranimer toutes ces forces perdues! pour
ramener tant de travailleurs épars!

Ah! si l'EMPEREUR, si M. BÉHIC passaient par là!

Si le regard de l'impérial auteur des meilleures
pages qui aient été écrites sur le sucre indigène tombait sur ces ruines!...

Si le ministre qui tient entre ses mains les plus
chers intérêts de l'industrie nationale venait passer
deux heures seulement à Arras!...

Quelle résurrection rapide!

Alors la lumière se ferait! Les ténèbres au sein
desquelles va s'engloutir l'*AFFAIRE* CRESPEL-DELLISSE,
se dissiperaient comme par enchantement...

Un grand acte de réparation ne tarderait pas à s'ac-
complir...

Et ainsi pourraient être épargnées au pays une
grande erreur, une grande ingratitude!...

FIAT IMPERATORIS VOLUNTAS!

APPENDICE

X.

APPENDICE.

PIÈCES JUSTIFICATIVES.

Avec les innombrables rapports et mémoires qui ont été consacrés à M. Crespel-Dellisse, on formerait facilement plusieurs volumes in-8°.

Et nous ne disposons ici que de quelques feuilles. C'est à regret que nous renvoyons à une autre édition les rapports de la Société d'encouragement, de la Société centrale d'agriculture et de bien d'autres Sociétés savantes.

Nous ne donnons dans cet appendice que les documents qui résument le plus sommairement la carrière industrielle et agricole de M. Crespel-Dellisse, et les rapports du Corps législatif et du Sénat en ce qui concerne la récompense nationale.

Ces deux pièces OFFICIELLES donnent à notre étude sur M. Crespel-Dellisse un cachet irréfutable.

1ᵉʳ RAPPORT

DE M. AYMAR-BRESSION SUR L'ENSEMBLE DES TRAVAUX
DE M. CRESPEL-DELLISSE.

———

PENDANT L'EXPOSITION UNIVERSELLE DE 1855.

« Le 30 août 1853, en présence de la plus honorable assemblée du monde, un savant qui fait à juste titre autorité de nos jours, et ce n'est pas peu dire quand l'esprit embrasse tous les progrès de la science, M. PA-YEN, le membre de l'Institut et le célèbre professeur, rendait compte, au milieu d'applaudissements unanimes, d'une visite faite par le Congrès scientifique de France à la fabrique de sucre de M. Crespel-Dellisse.

De cette voix qui soulève rarement des objections, M. Payen déclarait que l'établissement de M. Crespel-Dellisse était le seul de ce genre qui n'eût pas subi d'interruption malgré les vicissitudes des temps et les nombreux sacrifices nécessités par des crises imprévues.

Le Congrès avait successivement visité les lavoirs, les terrasses, les presses perfectionnées, les appareils de défécation et d'évaporation, et remarqué le filtrage dont M. Crespel-Dellisse a l'un des premiers adopté les procédés, l'évaporation dans le vide , la cristallisation abrégée au moyen de l'épuration par la force centrifuge, etc. ; le congrès avait constaté que tous les instruments et machines dont cet honorable fabricant se sert dans ses nombreuses usines et ses exploitations agricoles, étaient faits dans des ateliers de construction annexés à son établissement, « excellent exemple , disait M. Payen, mais qui demande pour être suivi avec succès beaucoup de lumière et de capacité; » le Congrès, enfin, avait unanimement reconnu que ce bel établissement honorait la France entière et la ville d'Arras en particulier.

J'étais là... j'assistais à cette visite et à ce triomphe, et j'étudiais silencieusement les impressions des autres spectateurs; je me demandais : le gouvernement sait-il ce qui se passe ici? Connaît-on, apprécie-t-on en haut lieu les prodiges de courage, de génie, de persévérance, et j'ajouterai, de patriotisme, qui se sont accomplis dans ces murs? Évidemment non !

Je vais donc, à propos de quelques pains de sucre devant lesquels le public passe avec la plus profonde insouciance, rappeler des faits dont l'industrie française doit à jamais s'enorgueillir.....

..... La question des sucres préoccupe le monde entier; nous nous souvenons de la lutte qui, sous le règne de Louis-Philippe, a partagé pendant longtemps la Chambre des députés, et des efforts communs que tentèrent alors les producteurs de sucres indigènes fortement menacés par la canne à sucre ; cette lutte se termina par une loi bien connue qui nous dispense de rappeler les arguments pour et contre.

Le gouvernement a voulu protéger l'un sans tuer

l'autre. La canne parlait *colonies, marine et commerce,* et la betterave invoquait l'industrie et surtout l'agriculture. Il y eut donc de célèbres avocats pour les deux causes.

En définitive, aujourd'hui, les arrivages du sucre de canne continuent et le sucre de betterave, après avoir traversé les crises les plus destructives, est toujours debout et moins que jamais disposé à céder le terrain. Mais grâce à qui? si ce n'est, pour une bonne part, à l'intrépide lutteur qui, le premier entré dans la lice, ne cessa pas d'en être le plus vigoureux combattant.

Il a fallu, pour ne pas abandonner cette rude tâche, pour ne pas céder aux conseils d'amis alarmés, pour braver les railleries des insulteurs publics que la science rencontre presque toujours sur son chemin, il a fallu, dis-je, pour tenir tête à l'orage et marcher au milieu de ruines qui s'accumulaient, une organisation puissante, une de ces volontés qui ont entrevu le but, qui ont vu briller à l'horizon l'étoile du progrès et qu'aucune puissance humaine ne peut arrêter dans ses aspirations.

M. Crespel-Dellisse, fils d'un commerçant de Lille, débuta par tenir les livres de sa mère, faire les recettes et voyager pour le placement des marchandises dans les bourgs et villages des environs; puis il alla entreprendre, à Béthune, le commerce de graines et eaux-de-vie; mais bientôt une grande nouvelle se répandit : la betterave se transformait en sucre. Parsy, son parent et son ami d'enfance, lui faisait connaître cette nouvelle conquête industrielle. Aussitôt M. Crespel se met à l'œuvre, il examine, il étudie, et, plein de confiance dans l'avenir de cette découverte, il commence ses premiers essais.

Une première association est formée entre M. Crespel et M. Parsy, puis bientôt avec Dellisse dont il épousa la sœur. Le 1er décembre 1810, pendant que M. Crespel faisait ses essais à Béthune, Parsy lui écrivait : « Notre projet ira bien, les cristaux, chez moi, se sont montrés dès ce matin ; ils sont tellement forts et adhérents qu'ils forment des couches épaisses et luisantes comme de la glace. »

Ces essais paraissent concluants, et le premier établissement dans le nord de la France pour la fabrication du sucre indigène est fondé à Lille dans la maison de Parsy, rue de l'Arc (1810). Le premier pain de sucre obtenu par les trois associés fut, sans doute, le premier en France sans mélange exotique. Le produit de cette année n'est que de 500 kilogrammes de sucre brut, mais l'année suivante il en sera livré à la consommation 10,000 kilogrammes. Tandis que le savant chimiste Barruel, sous les auspices du gouvernement impérial, ouvrait un cours à Douai pour enseigner l'art de fabriquer le sucre indigène, les trois amis, à Lille, continuaient d'en fabriquer. Parsy cependant suivait ce cours pendant que Crespel travaillait à la fabrique, et telle était l'ardeur avec laquelle il avait embrassé cette spécialité nouvelle que, dans la traduction française du livre d'ACHARD (1811), il ne trouvait plus rien qu'il n'eût lui-même déjà découvert par ses nombreux essais.

Nous avons dit au commencement de ce travail que nous avions pu admirer par nous-même l'immense et magnifique établissement créé par M. Crespel-Dellisse au milieu de la ville d'Arras, nous ajouterons maintenant que nous avons eu en main toutes les pièces originales sur lesquelles nous nous sommes appuyé; ainsi nous avons vu de nos propres yeux :

— La lettre du 1er décembre 1810, dans laquelle Parsy (mort en 1812) annonce à son ami qu'il vient de voir les premiers cristaux;

— *Le livre de caisse* où il est fait mention, toujours en 1810, d'un transport de betteraves;

— Une lettre de voiture de Célestin Delattre du 15 décembre 1811 ;

— La *licence* pour la fabrication du sucre de betterave accordée par le ministre des manufactures et du commerce, le 10 mars 1812 ;

— L'acte de société entre Crespel, Parsy et Dellisse;

— LE LIVRE DES DÉPENSES de la maison, du 20 mars au 3 août 1812, constatant des achats de betteraves et de machines;

— Un tableau (de 1812) des terres louées et cultivées en betteraves à sucre par M. Crespel, Parsy et Dellisse;

— Un bail à ferme avec Louis Millechaud de neuf coupes de terre (28 mai 1812); « Le susdit s'engage à livrer ses terres dans l'état le plus favorable à la meilleure végétation de la betterave. »

— *Le livre-journal* même de M. Crespel-Dellisse du 10 juin au 25 novembre 1812, constatant *des ventes de sucre brut à 8 fr. le kilogramme;*

— Le compte de dépenses de la fabrique du 20 août 1812, où il est fait mention de deux roues, de volants, de cylindres, etc. ;

— Plusieurs lettres de consommateurs demandant des produits de la maison.

Toutes ces pièces sont d'une authencité incontestable. Si de ces documents particuliers nous passons aux pièces officielles, nous trouvons plusieurs lettres du préfet du Nord, datées des 22 et 25 février, 31 mars, 25 septembre et 18 novembre 1813, et dans lesquelles ce premier fonctionnaire du département, appréciant déjà les immenses services que M. Crespel-Dellisse était appelé à rendre à cette industrie naissante, lui signalait un traité de saccharification, lui annonçait l'arrivée à Lille de M. Bomatin, l'invitait à s'entendre avec les sous-préfets du département pour les plantations de betteraves à faire, lui envoyait la description d'une machine à râper la betterave, et lui annonçait la venue de M. Mulot, chargé par le gouvernement de visiter les usines à sucre.

Quelques mois plus tard, c'était le ministre des manufactures et du commerce qui, éclairé sur les travaux de M. Crespel-Dellisse, lui demandait des renseignements sur les produits de sa fabrication de sucre, de 1813 à 1814, et sur ceux qu'il espérait obtenir pendant la campagne suivante.

Mais nous touchons à une crise terrible; l'Empire s'écroule, le territoire français est envahi, et l'industrie en général se trouve ébranlée et bientôt anéantie.

Le sucre, qui se vendait 3 à 4 francs la livre, tombe tout à coup à 80 centimes, car les fourgons ennemis étaient pleins de sucre anglais, et M. Crespel-Dellisse en avait en magasin 50,000 kilogrammes.

Le désespoir était bien naturel. En peu de jours, les fabricants qui exploitaient leur licence de 1812 furent complétement ruinés. M. Crespel-Dellisse résiste pendant que son associé se retire; il envisage froidement son désastre, et, réunissant toutes ses forces dans un suprême effort, il abandonne Lille, et court acheter à Arras[1] l'établissement d'une des victimes de la crise commerciale. En vain la prudence, qui a déterminé beaucoup de ses confrères à suivre l'exemple de son associé, lui conseille-t-elle de s'arrêter, il redouble d'énergie et tient tête à l'orage.

De 1814 à 1818, il est accablé d'embarras, de tracasseries, de souffrances, mais son organisation fortement trempée tient bon contre les railleries, contre les sinistres prophéties dont on fatigue impitoyablement ses oreilles; ses parents, ses amis le traitaient presque de fou : mais, qu'importe, la foi doit le sauver !

En vain le sucre des colonies affluant sur toutes les places tombe-t-il à vil prix, en vain les cultivateurs de l'Artois veulent-ils renoncer à la culture de la betterave, qui doit cependant avant peu doubler le prix de leurs terres, M. Crespel-Dellisse marche toujours et parvient avec des prodiges d'activité et des sacrifices plus intelligents encore, à surmonter tous les obstacles. En 1815, au milieu du découragement général, il produit 12,000 kilos! En 1816, année de néfaste mémoire, la gelée tue la betterave, les pluies font germer les blés et la disette désole la France; il ne produit que 4,000 kilogrammes dont il trouve difficilement la vente, tant la misère est grande. En 1817, il se relève.

C'est à cette époque que Chaptal public son ouvrage sur la fabrication du sucre indigène, mais la théorie n'est plus d'accord avec la pratique; M. Crespel-Dellisse suit la route que son esprit observateur et son expérience lui ont tracée. Chaptal le condamne, mais

1. Pays de grande culture.

quelques années plus tard l'illustre savant reconnaît généreusement et publiquement son erreur. Cette période de la carrière industrielle de M. Crespel-Dellisse est réellement la plus glorieuse. Il arrive rarement, en effet, d'avoir raison contre la science!...

Enfin, après des persécutions de toute nature, un premier rayon de soleil vient réchauffer le cœur profondément attristé de M. Crespel-Dellisse.

Le 28 décembre 1818, une lettre de M. le vicomte Siméon, préfet du Pas-de-Calais, lui annonce qu'il a chargé MM. Garnier, Martin, etc., d'assister aux principales opérations de son établissement afin d'en envoyer quelques produits au duc d'Angoulême et au ministre de l'intérieur, et le 24 mai 1819 le ministre de l'intérieur le remercie, tant pour lui que pour le duc d'Angoulême, des échantillons qu'il a reçus, et déclare que la commission chargée de les examiner les a trouvés aussi avantageux que possible.

Les plaisants se taisent et les trembleurs commencent à se repentir de leurs craintes exagérées.

En 1819, la production de l'établissement d'Arras s'élève à 80,000 kilogrammes.

Enfin, 1823 le trouve dans une position florissante, et le jury départemental du Pas-de-Calais, dans un rapport fait à l'occasion de l'exposition nationale, commence à lui rendre justice en ces termes :

« M. Crespel-Dellisse a établi en 1815 une fabrique de sucre à Arras. — En 1819 il fabriquait 50 milliers de sucre brut ; en 1822 il en fabriquait 140 milliers.

« Il a bien voulu faire connaître les plus minutieux détails de la fabrication à quelques riches capitalistes qui tous vont élever des usines, c'est donc à M. Crespel-Dellisse que le département du Pas-de-Calais *devra l'introduction de cette industrie.*

« M. Crespel-Dellisse est le seul qui ait pu retirer de 100 livres de betterave 5 livres de sucre. Cela tient à l'excellence de ses procédés d'extraction : 40 hectares de terre ont donné, en 1822, 140 milliers de sucre brut.

« De la mélasse il a fait de l'eau-de-vie avec l'appareil distillatoire *inventé* par Derosne, et avec les détritus il a engraissé 110 bêtes à cornes. »

En 1824, M. Crespel-Dellisse arrive à 100,000 kilogrammes de sucre avec sá seule maison d'Arras; alors la grande cause est gagnée et des fabriques s'élèvent partout, avec son concours.

C'est en 1825, le 27 avril, que Chaptal, après avoir sévèrement critiqué M. Crespel-Dellisse et avoir condamné ses procédés, se rend enfin à l'évidence et vient faire amende honorable au sein de la Société d'encouragement.

Cette justice, bien tardive cependant, honore autant le juge que le prévenu.

Voici un extrait de ce remarquable rapport de Chaptal après lequel la Société d'encouragement décerna sa grande médaille d'or à M. Crespel-Dellisse.

« La possibilité du sucre de betterave a fait sensation en Europe. Cette découverte ne tend à rien moins qu'à changer nos relations avec le nouvea monde, dont le sucre est le principal produit, et à enrichir l'agriculture européenne de trois ou quatre cents millions de francs par année ! Les procédés d'extraction ont été longtemps imparfaits, la plupart des premiers établissements ont eu des résultats fâcheux; bientôt le désespoir s'est annoncé de toutes parts, et cette belle industrie aurait disparu de notre sol, si des hommes courageux et éclairés n'eussent persisté.

« Gloire soit rendue à ces hommes qui ont surmonté

toutes les difficultés, supporté des sacrifices, méprisé des plaisanteries grossières et futiles, et conservé à la France une industrie qui doit enrichir son agriculture! Oui, messieurs, cette industrie a le double avantage de donner à notre sol un produit de plus, et d'augmenter sensiblement, par le marc et les feuilles de la betterave, nos ressources pour la nourriture et l'engrais de nos bestiaux. Elle forme une récolte intermédiaire et prépare admirablement les terres pour la culture du blé; elle fournit un travail précieux aux colons d'une ferme pendant la saison rigoureuse de l'hiver, quand les travaux des champs sont suspendus; elle ouvre à l'agriculture une nouvelle source de richesses.

« De tous les citoyens honorables qui ont obtenu le plus de succès dans cette précieuse industrie, M. Crespel-Dellisse doit être placé au premier rang. L'irruption des armées étrangères, en dévastant ses premiers ateliers, n'a point abattu son courage ni refroidi son zèle. Sa fortune s'est accrue rapidement, et vous penserez avec moi que jamais fortune ne fut plus honorable, car elle a pour base le bien public; vous jugerez que la source en est pure et sacrée! Mais ce n'est point là le seul mérite qui recommande M. Crespel. Loin de soustraire ses procédés à l'œil curieux des hommes qui veulent s'instruire, il les appelle, il les admet dans ses ateliers, les fait participer à toutes ses opérations. Son noble désintéressement mérite la reconnaissance publique, et la Société d'encouragement, en lui décernant le premier de ses prix, sera l'organe de la France entière. »

En 1826, trois fabriques de M. Crespel-Dellisse produisirent 380 milliers.

Le jury de l'Exposition de 1827 vint donner un nouvel appui à M. Crespel-Dellisse, en reconnaissant publiquement des vérités désormais incontestables. Il déclare que, dès 1809, M. Crespel-Dellisse faisait des essais pour extraire le sucre de la betterave, c'est-à-dire une année avant l'impulsion donnée par le gouvernement, et constate qu'en 1810 cet honorable fabricant remit au maire de Lille, le comte de Brigode, quelques échantillons de sucre dont on fit un magnifique pain qui fut exposé à Lille avant celui que MM. Barruel et Isnard produisirent, dans la même année, par des procédés différents.

Le jury relate aussi tous les faits que nous avons puisés dans les pièces officielles déjà citées; parle du semoir inventé par M. Crespel-Dellisse; fait l'éloge des ateliers qu'il a construits au centre de son établissement et dans lesquels s'établissent, sous ses yeux, toutes les machines dont il a besoin et qu'il perfectionne sans cesse; félicite hautement notre collègue pour la bienveillante hospitalité qu'il accorde aux nombreux étrangers qui viennent suivre dans ses ateliers tous les travaux de la fabrication[1]; le proclame le *régénérateur* et le *bienfaiteur* de cette importante industrie et sollicite pour lui la décoration de la Légion d'honneur.

Depuis ce moment, M. Crespel-Dellisse marche à pas de géant. Le succès le plus complet couronne toutes ses entreprises, et il fonde encore plusieurs autres

---

1. Le roi de Bavière avait aussi envoyé dans les ateliers de M. Crespel-Dellisse cinq élèves de l'École polytechnique de Munich pour étudier la fabrication du sucre.

fabriques qui lui permettent d'atteindre un chiffre de production énorme.

Nous pourrions, si cet article n'était déjà bien étendu, rapporter quelques particularités fort intéressantes de la correspondance de M. Crespel-Dellisse avec les fabricants les plus en réputation, car nous avons aussi vu des lettres fort curieuses qui prouvent combien l'âme de M. Crespel a toujours été généreuse et confiante; mais nous devons nous contenter de dire que la plupart des grands établissements du Nord, du Pas-de-Calais et de l'Aisne, ont pris naissance et se sont développés sous les inspirations et par les bons soins de M. Crespel-Dellisse, qui a mis à la disposition de tous ceux qui les ont demandés, tous les trésors de sa longue expérience. Dans l'une de ces lettres, l'un des fabricants les plus distingués demande « la permission d'aller passer quinze jours chez M. Crespel-Dellisse pour se former à son école, faveur à laquelle il attache le plus grand prix. »

La correspondance de M. Derosne offre aussi le plus vif intérêt. Il y a ici plus que des relations d'affaires, il y a des liens d'amitié; mais c'est toujours M. Crespel-Dellisse que nous trouvons mettant à la disposition de MM. Derosne et Cail ses bons offices et son expérience. M. Crespel, qui ne sait pas mettre la lumière sous le boisseau, n'a jamais fait mystère de ses machines, dont les premières remontent au début de ses essais de fabrication. On a pu les copier à son aise et les débiter de même. Il n'a jamais refusé à personne les portes de ses ateliers, et chacun a pu venir s'inspirer chez lui pour aller inventer ailleurs.....

..... M. Crespel-Dellisse, comme tant d'autres, a pu se

convaincre qu'il était quelquefois dangereux de faire trop de bien, et sa générosité a été souvent récompensée par la plus noire ingratitude. Ainsi le veut l'humanité !

> On les persécute, on les tue...
> Sauf à leur élever demain
> Quelque misérable statue...
> Pour la gloire du genre humain!...

Avant de nous résumer et non content d'avoir suivi M. Crespel-Dellisse pas à pas dans sa carrière industrielle, de vous avoir fait toucher du doigt tous les documents officiels qui viennent corroborer ce mémoire, je veux encore appeler à mon aide des autorités irrécusables.

La Société d'encouragement pour l'industrie nationale s'est déjà prononcée par l'organe de l'illustre Chaptal ; la Societé centrale d'agriculture s'est prononcée, elle, plus récemment, par l'organe de M. Payen.

Voici l'appréciation de ce savant professeur à qui la chimie doit tant de nouveaux succès :

« La fabrication du sucre indigène n'est pas restée stationnaire chez M. Crespel-Dellisse ; les perfectionnements, qui datent de cette année même, portent cette belle industrie au niveau des plus avancées parmi celles de nos habiles fabricants de sucre. On ne devait pas moins attendre du manufacturier qui, seul peut-être en France, n'a jamais désespéré de la sucrerie métropolitaine, qui seul ne cessa jamais, même pour une campagne, sa fabrication au milieu des désastres de l'invasion, en présence du libre accès en France des sucres coloniaux. M. Crespel-Dellisse exprimait dès lors l'opinion que la fabrication indigène pouvait soutenir la concurrence des Antilles. Ce qu'il croyait à cette époque, tout le monde en est aujourd'hui convaincu ; mais s'il y avait du mérite à comprendre les ressources de l'industrie créée sous la pression du système continental, s'il y eut, depuis, du courage à soutenir la fabrication à ses risques et périls, il est juste de tenir compte aujourd'hui à **M.** Crespel d'avoir eu cette confiance, d'avoir montré ce courage et cette persévérance qui conduisent au succès.

Où trouverait-on, d'ailleurs, à citer un plus bel exemple des puissants effets de l'association des industries aux travaux des champs que cette extension graduée de l'industrie sucrière autour de la fabrique d'Arras; que l'agglomération successive de nouvelles propriétés labourables au moyen desquelles, plaçant ainsi, chaque année, ses bénéfices, **M.** Crespel est parvenu à livrer annuellement à la consommation 2 millions à 2 millions 500,000 kilog. de sucre extrait de betteraves presque toutes récoltées sur ses terres, tout en élevant la puissance du sol et développant la production des céréales et des substances tirées des animaux.

Des huit sucreries exploitées par **M.** Crespel-Dellisse, la plus importante, située dans la ville d'Arras, traite 14 millions de kilog. de betteraves, et obtient environ 750,000 kilog. de sucre. Viennent ensuite, dans le même département du Pas-de-Calais, les fabriques de Saulty, où l'on extrait 150,000 kilog. de sucre, et celle d'Eaucourt, qui livre 120,000 kilog. Dans le département de la Somme, la fabrique de Roye produit 650,000 kilog., celle de Sailly 180,000 kilog. Dans l'Oise, la sucrerie de Francières fournit annuellement 320,000 kilog., et la fabrique de Villeselve 180,000; enfin on obtient également à Frières, dans l'Oise, environ 180,000 kilog. de sucre brut.

Dans chacune de ces usines, des générateurs à vapeur fournissent la puissance mécanique et transmettent le chauffage; on emploie des laveurs mécaniques, des râpes en fonte et des presses hydrauliques. De grandes bassines à retours d'eau chauffent économiquement le jus; les chaudières à déféquer, les filtres à écumes et à noir en grains, les chaudières évaporatives *dans le vide,* des réchauffoirs à double enveloppe et des caisses-cristallisoirs servent aux opérations successives sur les jus et sirops. Enfin de grandes citernes permettent de prolonger, pendant huit mois, la cristallisation avant de livrer le dernier liquide aux applications spéciales qu'il reçoit sous le nom de *mélasse.*

Tous ces ustensiles et ces appareils constituent un immense matériel, qui est établi dans des ateliers de forges, d'ajustage, etc., construits à Arras et dirigés par M. Crespel-Dellisse.

C'est aussi dans ces ateliers que se font les réparations de tout le matériel des huit fabriques, la construction et les réparations des instruments aratoires et des divers ustensiles agricoles.

D'autres ateliers accessoires sont établis à portée des matières premières pour fabriquer le charbon d'os et revivifier le noir en grains, pour préparer la chaux et les engrais pulvérulents.

C'est par cet ensemble, complet, de moyens d'action bien combinés que MM. Crespel assurent la fourniture à temps et l'entretien au complet de toutes les machines, appareils, matières premières, agents chimiques, ustensiles aratoires et autres indispensables au succès de leurs grandes exploitations rurales et manufacturières.

Un moyen d'action centrale non moins utile, mais tout récemment réalisé, s'applique aux produits bruts des sucreries.

On a généralement reconnu que la fabrication du sucre de betterave est bien plus productive lorsque le sucre peut être livré par les fabriques directement à la consommation. On évite ainsi les déperditions, frais, tares et escomptes que subit le sucre brut entre la fabrication et le raffinage.

Cette transformation des sucreries anciennes en fabriques-raffineries parut être une nécessité plus évidente encore lorsque la concurrence abaissa les prix des produits jusqu'à 100 fr. les 100 kilog.

Placé dans une position exceptionnelle, M. Crespel-Dellisse a trouvé une solution spéciale de la difficulté; les bons résultats qu'il avait obtenus en centralisant ses premiers moyens d'action devaient le conduire au même système relativement à l'achèvement ou au raffinage de ses produits.

Il s'est décidé à construire une raffinerie centrale, où les produits du clairçage méthodique des sucres bruts et le raffinage par les appareils perfectionnés s'exécutent dès aujourd'hui et lui permettront de livrer annuellement au commerce 2 millions de kilog. de sucre blanc en pains prêts à entrer dans la consommation. Cette grande raffinerie, que nous avons visitée dans tous ses détails, offre, en outre, l'avantage particulier d'utiliser, pour une part importante, les ateliers de construction et de réparation des appareils de fabrication et revivification du noir animal, ainsi

que des diverses industries accessoires groupées autour du centre
manufacturier d'Arras.

Tous ces travaux concourent, en outre, à l'important résultat
de fixer un grand nombre d'ouvriers actifs et intelligens loin des
grandes villes de consommation, où les populations laborieuses
se pressent au détriment de leur santé.

Je n'ai pas à vous entretenir des utiles applications des résidus
des neuf usines à la culture des terres, à l'élevage, à l'entretien,
à l'engraissement des animaux ; ces faits intéressants se trouvent
dans les rapports de MM. Pommier et de Kergorlay ; ma tâche se
bornait à montrer qu'au point de vue manufacturier les travaux
de M. Crespel-Dellisse étaient également dignes de tout l'intérêt
de la Société, puisqu'ils concourent à garantir, par leur excellente
direction, tous les résultats utiles aux progrès des exploitations
agricoles. »

Quelques années plus tard, la Société centrale d'agriculture nomme une nouvelle commission composée de :
MM. Héricart de Thury, De Cazes, Payen, de Kergorlay et
Pommier, chargée de visiter les établissements agricoles de M. Crespel-Dellisse[1], et M. Pommier présente
bientôt à la Société un travail qui restera toujours
comme un chef-d'œuvre d'analyse et de saine appréciation.

Ce remarquable rapport commence ainsi :

« M. Crespel-Dellisse, le plus grand fabricant de sucre indigène
de l'Europe et peut-être du monde entier[2], en est peut-être aussi
le plus fort cultivateur, tant par l'étendue des terres qu'il exploite
que par la nature même de ses cultures.

A vos yeux, cette puissance exceptionnelle est un titre éminent ;
mais ce qui distingue surtout les œuvres de M. Crespel, et ce qui

---

1. Cette même mission avait été confiée déjà à M. Royer simultanément
avec M. Payen. — M. Royer était chargé de la partie agricole, et M. Payen
de la partie industrielle. — M. Royer est mort, et ses notes n'ont pas été
retrouvées.

2. Crespel fabrique, chaque année, 2,500,000 kilog. de sucre.

doit être auprès de vous la plus forte recommandation, c'est qu'elles n'ont point été créées du premier jet par la puissance des capitaux, mais qu'elles sont le fruit d'un courage, d'une persévérance et d'une conviction qui ne se sont jamais démentis au milieu des événements les plus graves et des vicissitudes qui en ont été la suite.

Les premiers essais de M. Crespel-Dellisse dans la fabrication du sucre de betterave remontent à 1809. En 1810, malgré les conseils de sa famille, malgré les avis d'une prudence, exagérée peut-être, de la part de ses amis, avis auxquels des hommes moins convaincus et moins fortement trempés n'auraient pas manqué de céder, M. Crespel organisait à Lille une fabrique de sucre d'une certaine importance pour cette époque.

A la suite de l'irruption des armées étrangères, les prix de ses produits tombèrent de 4 fr. à 75 c. le 1/2 kilogr.; mais son zèle ne fut pas refroidi, son courage ne fut point abattu.

En 1815, M. Crespel transportait son établissement à Arras, qu'il n'a pas quitté depuis, et où, successivement, sa fortune s'est augmentée, fortune honorable, fondée sur le travail, et dont l'accroissement a toujours été le signal d'un progrès ou d'un développement dans la double industrie à laquelle il s'est consacré.

Un mérite particulier, et d'autant plus digne de remarque qu'il n'appartient qu'aux hommes supérieurs, recommande encore M. Crespel-Dellisse, c'est l'affabilité et le désintéressement avec lesquels il admet dans ses ateliers agricoles et industriels tous ceux qui veulent puiser des renseignements ou des exemples. — C'est là que se sont formés quelques-uns de ses émules. — Les fabriques de M. Crespel sont toujours, comme au temps de Chaptal, autant d'écoles ouvertes aux Français et aux étrangers.

En 1832, le gouvernement français a décerné à M. Crespel-Dellisse la croix de la Légion d'honneur; dès 1831, le grand-duc de Hesse l'a créé chevalier de son ordre du Mérite; en 1833, le roi de Prusse l'a nommé chevalier de l'Aigle rouge.

Nous ne vous rappelons ces titres que pour vous faire remarquer quelle importance M. Crespel attache à l'opinion de la Société centrale, opinion qu'il considère comme la sanction de toutes les hautes récompenses dont il a déjà été l'objet.

M. Crespel peut donc être regardé comme un des fondateurs de la fabrication du sucre indigène. — Notre honorable collègue

M. Payen vous a fait connaître quels sont tous ses titres à cet égard; — il me reste à placer devant vos yeux le tableau des travaux agricoles qu'il poussait en même temps que ses travaux manufacturiers.

M. Crespel-Dellisse, outre ses huit fabriques de sucre et sa raffinerie, a neuf exploitations rurales réparties dans quatre départements. Les exploitations fournissent toutes les betteraves nécessaires aux huit fabriques, — dont la production s'élève à 2,500,000 kilogr. de sucre, acquittant, chaque année, pour environ 1,250,000 fr. d'impôts.

Afin de se décharger d'une partie du travail que nécessite un si vaste ensemble, M. Crespel a, depuis quinze années, abandonné la direction de la partie agricole à M. Tiburce Crespel, son fils. — L'honneur de la fondation revient à M. Crespel père; la responsabilité et le mérite d'exécution appartiennent aujourd'hui à M. Crespel fils. »

Il nous est impossible de poursuivre cette citation, et cependant que d'enseignements pour l'agriculture! Le génie que M. Crespel-Dellisse a déployé dans ses établissements industriels se retrouve partout dans ses exploitations agricoles! Père et fils rivalisent d'activité, d'intelligence et de succès. L'Académie nationale est heureuse de pouvoir unir sa voix à tant d'honorables témoignages.

Vous aurez maintenant une idée des travaux agricoles que dirigent MM. Crespel père et fils, par la statistique suivante :

M. Crespel-Dellisse possède des fabriques ou des exploitations agricoles dans les communes de Beaumetz, de Berneville, de Neuville, de Roclincourt, de Saulty, d'Annelles, d'Eaucourt, de Sailly, de Villeselve, de Francières, de Roye, d'Arras, etc. La contenance totale de ces exploitations n'est pas moindre de 2,278 hectares. Il a récolté l'année dernière, malgré les circonstances les plus défavorables, 10,892 hectolitres de blé. 462 bœufs de labourage dispersés sur ses terres permettent de donner aux travaux de la ferme toute la régularité possible, et d'opérer les diverses façons dans les conditions les plus favorables.

Comme producteur, M. Crespel-Dellisse possède 29 taureaux des meilleures races, 273 vaches, qui lui donnent annuellement de 150 à 160 veaux.

220 chevaux, 175 porcs, 5,900 moutons fournissent un engrais précieux pour les terres.

Huit machines à battre le blé activent les travaux de la récolte, et augmentent les produits par la minime quantité de déchet comparée à celle des autres modes de battage.

Quelques-unes de ses propriétés représentent une agglomération assez considérable.

Pour faire mouvoir cet immense mécanisme, M. Crespel-Dellisse occupe deux mille cinq cents ouvriers.

Depuis 1825 surtout, le sucre de betterave a vivement tourmenté nos économistes. Le fisc et nos colonies se sont mis de la partie, et quand ils ont pu constater qu'en 1838, sur cent millions de kilogrammes de sucre qui se consomment annuellement en France, déjà nos départements en produisaient quarante millions, ils se sont émus et ont abouti à la déplorable lutte à laquelle nous avons fait allusion au commencement de ce travail.

On ne voulait pas comprendre qu'au fond de cette production de sucre, il y avait un énorme accroissement de richesse territoriale. Un moment : le fisc menaça de détruire le sucre indigène, et déjà l'étranger appelait à lui ceux que la France allait frapper de ruine ou de bannissement pour avoir voulu l'enrichir. Heureusement on nous a épargné cette répétition des conséquences de l'édit de Nantes, et aujourd'hui, sans que la question soit bien nettement tranchée encore, le sucre indigène peut être rassuré sur son avenir.

Actuellement, nous pensons avoir prouvé mathématiquement que les progrès les plus notables dans la fabrication du sucre sont dus à M. Crespel-Dellisse, qui, le PREMIER encore, ainsi que le démontre une lettre datée du 17 août 1813, de MM. Payen et Pluvinet, a employé le noir animal dans la fabrication et le raffinage du sucre. M. Crespel-Dellisse, après sa quarante-cinquième campagne (1810 à 1855), est resté le fabricant qui produit le plus de sucre et l'agriculteur qui produit le plus de blé. — Il paye par an au gouvernement 1,300,000 à 1,400,000 francs d'impôt.

Nous le considérons comme le premier propagateur de la sucrerie indigène, l'inventeur de la plupart des machines nécessaires à cette industrie, machines qu'il a construites lui-même ainsi que tous les objets nécessaires à l'exploitation de ses usines et de ses fermes.

Ses huit fabriques ont été honorées des visites du duc d'Angoulême (1818), de Charles X (1827), du duc d'Orléans (1840), et d'un grand nombre de dignitaires français et étrangers.

M. Crespel-Dellisse a appartenu au conseil général du commerce, de l'agriculture et des manufactures, au conseil d'arrondissement et au conseil municipal d'Arras, et a été pendant de longues années juge au tribunal de commerce; il est membre des Sociétés d'encouragement de Paris, de Berlin et de Londres, des Sociétés centrales d'agriculture de Paris et de Vienne.

de l'Académie d'Arras, de l'Académie nationale, des Sociétés d'agriculture du Pas-de-Calais, de Valenciennes, de Saint-Omer, de Calais et de plusieurs autres Sociétés savantes françaises et étrangères ; il est membre aussi de la Chambre consultative d'agriculture et de commerce d'Arras.

Il est chevalier de la Légion d'honneur, de l'ordre du Mérite de Hesse, de l'ordre du Mérite de Bavière, de l'Aigle-Rouge de Prusse.

Mais, est-ce assez ?... Non !

Ce que nous demandons, nous, au pied de ce modeste pain de sucre et de ces quelques gerbes de blé que nous avons trouvés au palais de l'Industrie, c'est une récompense qui ait une plus grande signification encore que tous ces titres, toutes ces médailles et toutes ces croix.

Il est de ces noms qui signifient télégraphe, vapeur, métier à tisser la soie, etc. ; celui de M. Crespel-Dellisse doit signifier désormais sucre indigène,

Et qui donc parmi nos fabricants du jour est resté plus longtemps sur le champ de bataille? Qui donc a pris à sa source une industrie traversée par tant d'épreuves et l'a conduite, au prix de plus grands sacrifices, à son plus haut degré de prospérité? Qui de vous a lutté quarante-cinq ans pour une industrie sans cesse menacée?

Ce que nous demandons, nous, pour cette noble carrière, pour cette existence souverainement utile à laquelle tant d'autres existences sont suspendues, pour cet homme dont le courage, le génie et la persévérance égalent la modestie, pour ce vétéran de l'industrie aussi aimé que respecté de tous ceux qui l'entourent, pour ce grand citoyen enfin dont nous espérons voir un jour le nom sur l'un des écussons du palais de l'Industrie, c'est une RÉCOMPENSE NATIONALE [1] !

EXPOSITION UNIVERSELLE DE 1855.

OPINION DU JURY.

(Voir le rapport du jury-mixte international, IIe classe, page 623.)

Voici actuellement en quels termes le jury de l'Exposition universelle de 1855 résumait les services rendus par M. Crespel-Dellisse :

« M. Crespel-Dellisse, d'Arras, est le doyen des fabricants de sucre de betterave. Dès 1810 il avait une fabrique à Lille qu'il transporta en 1815 à Arras. A la suppression du régime du blocus continental, M. Crespel fut du petit nombre des fabricants de sucre français qui, malgré le bas prix des sucres, ne désespérèrent pas de l'industrie et continuèrent la fabrication avec une constance et une persévérance dignes d'éloges. Le système de travail aux cristallisoirs et à l'acide, dont M. Crespel fut le promoteur et le chef, succomba dans la lutte qu'il avait engagée avec le travail à la chaux, et l'infériorité de ce système, aujourd'hui reconnue, mais

---

1. Par le fait de la reproduction de ce rapport, et de celui de M. d'Havrincourt, ce paragraphe se trouve répété plusieurs fois dans le cours de ce livre. — Le lecteur tiendra compte de la situation.

alors douteuse, augmenta la valeur des difficultés que M. Crespel eût à surmonter. Il est juste d'ajouter qu'aujourd'hui, dans la fabrication coloniale surtout et dans le raffinage du sucre, un retour a lieu vers la base du procédé des cristallisoirs. En effet, par le procédé actuel récemment adopté de la cristallisation en chaudière, on évapore les sirops à une température plus basse que celle correspondante à la densité qu'aurait le liquide si tout le sucre était dissous; enfin, dans l'un et l'autre procédés, l'évaporation et la formation des cristaux ont lieu simultanément.

« M. Crespel-Dellisse fut un des premiers qui reconnurent les avantages du charbon d'os, que lui fournirent MM. Payen et Pluvinet en 1812, et qu'il a constamment employé jusqu'à ce jour. L'avenir a récompensé M. Crespel de ses rudes labeurs : l'industrie générale se développa, M. Crespel donna lui-même une extension considérable et profitable à ses usines, et une médaille d'argent, puis une médaille d'or lui furent successivement décernées aux expositions de 1823 et 1827 ; il reçut les décorations de la Légion d'honneur et de plusieurs ordres étrangers.

« M. Crespel-Dellisse a de grands ateliers de construction de machines et d'appareils, dans lesquels il fabrique, suivant les systèmes de diverses inventions, l'immense matériel de ses usines et de ses fermes.

« M. Crespel est aujourd'hui le seul fabricant en activité qui n'ait jamais interrompu les travaux de l'extraction du sucre de betterave, depuis 1810 jusqu'à ce jour, ni cessé d'accroître ses usines, ni de développer ses cultures. Il traite annuellement 50 millions de kilogrammes de betteraves : la quantité de sucres bruts produits par les sept fabriques qu'il exploite est de 2 et demi à 3 millions de kilogrammes, d'une valeur de 1 et demi à 2 millions de francs, payant à l'État 1,350,000 à 1,620,000 francs. Ces sucres sont épurés dans sa raffinerie d'Arras. L'étendue de ses terres en culture est de 2,278 hectares. »

Le jury décerne à M. Crespel une médaille d'honneur.

Les notes qui suivent déterminent la quotité d'impôts payés par M. Crespel-Dellisse.

JUSTIFICATION DES 33 MILLIONS D'IMPOTS

PAYÉS PAR M. CRESPEL-DELLISSE

(Avec dégrèvement de 8 millions environ).

1839, 1er juillet. 1re année, sur une production de
200,000 kilog. à 11 fr. 220,000ᶠ

1840, juillet.   dito.   dito.   .   330,000

1839, août. Dégrèvement par ordonnance sur les
sucres colon. de 13 fr. 20.   264,000

1841, juillet. 3e année, à 16 fr. 50.   330,000

Le tarif des sucres coloniaux est rétabli.
Le sucre de betterave augmente d'impôt
de 10 fr. et le 10e, soit 27 fr. 50 . . .   240,000

Commencement du prétendu système de
douceur et de ménagement. En même
temps on dégrève la surtaxe des sucres
étrangers de 20 fr. et le 10e, soit 22 fr.
et de plus on diminue le rendement au
raffinage de 5 fr., soit 27 fr.   540,000

Baisse des prix d'autant. Cette baisse est
l'effet de l'entrée des sucres étrangers,
et devrait remonter si l'on remontait la
surtaxe; mais on n'en fit rien.

1842. — Le sucre indigène paye 27 fr. 50 , et la
baisse de la surtaxe 27 fr., ce qui fait
54 fr. 50 pour la production de deux
millions   1,090,000

1843. — La production augmente de 300,000 kilog.
par année. Impôt, dégrèvement de la
surtaxe et du rendement, 54 fr. 50 . .   1,253,500

1844. — Même position. . . . .   1,253,500 f
1845. — Même position.   1,253,500
　　　　Nouvelle loi d'augmentation d'impôt de
　　　　　5 fr., plus le 10ᵉ, soit 5 fr. 50 des 0/0 k.
　　　　　pendant quatre années, pour arriver en
　　　　　1859 à l'égalité des droits avec les colo-
　　　　　nies. — Augmentation de production
　　　　　à 2,500,000 kilog., soit les 5 fr. 50 ajou-
　　　　　tés à 54 fr. 50, soit 60 fr. — 1856 . .   1,500,000
1847. — 5 fr. 50 en plus.   1,637,500
1848. — 5 fr. 50 en plus.   1,775,000
1849. — 5 fr. 30 en plus, égalité des droits. . .   1,912,500
　　　　On a donc mis dix années pour arriver à
　　　　　ce que le machiavélisme appelait égalité
　　　　　des droits; mais de fait le fabricant
　　　　　payait 76 fr. 50 des 0/0 kilos, au lieu
　　　　　de 54 fr. 50 qui était l'égalité d'impôt.
　　　　　Somme payée en dix années, soit 1,469,500 f
　　　　　c'est le système mensonger, pour ne pas
　　　　　dire plus, des hommes qui avaient pro-
　　　　　mis de traiter les fabricants avec dou-
　　　　　ceur et ménagement, et Crespel avait
　　　　　payé cette énorme somme indépendam-
　　　　　ment de tous les procès intentés par la
　　　　　fameuse administration paternelle. On
　　　　　peut se demander comment Crespel,
　　　　　avec ses huit fabriques, a pu en sortir
　　　　　pour payer les excédants d'un côté et les
　　　　　manquants de l'autre, courant nuit et
　　　　　jour d'une fabrique à l'autre; évidem-
　　　　　ment les 300,000 fr. qu'il avait écono-
　　　　　misés se sont trouvés ébréchés. Mais ce
　　　　　n'est pas tout, de 1849 à 1851 il n'avait
　　　　　plus pensé à liquider, la raffinerie mar-
　　　　　chait et bouchait bien des trous. Crespel
　　　　　n'était pas encore tombé : il tenait encore
　　　　　tête à l'orage; il avait la vie dure. L'an-
　　　　　née suivante il a payé le même impôt,
　　　　　soit   1,912,500

1851. — Également, soit 1,912,500ᶠ

A ce moment, le Président de la Répu-
blique voulut apporter un soulagement
à la sucrerie indigène et coloniale. La
diminution des droits, de moitié, fut proposée ; la Chambre trouva équitable de
diminuer les droits sur les sucres coloniaux, à l'exclusion des sucres de betterave. Qu'on se figure la position de
M. Crespel avec encore six fabriques et
une grande raffinerie payant par année
depuis 1852, plus de 200,000 fr. d'impôt
par an en plus qu'un colon qui fabri-
querait la même quantité de sucre que
lui. Depuis 1852 jusqu'en 1859, il n'y eut
pas de changement, il payait 1,912,500ᶠ
soit   13,387,500

Et en plus sept années de différence d'impôt à 250,000 fr. par an, soit   1,755,000

Soit trente-trois millions quatre cent cin-
quante-deux mille francs. 33,452,000ᶠ

Y compris dans ce total *les dégrèvements* pour une somme
approximative de huit millions.

Restent environ 25 millions !

Ces chiffres sont d'une rigoureuse précision.

ASSEMBLÉE LÉGISLATIVE.

RAPPORT

DE M. LE MARQUIS D'HAVRINCOURT.

« Messieurs, le gouvernement vous propose d'accorder une pension viagère de 6,000 fr. à M. Crespel-Dellisse qui, le *premier,* a produit *industriellement* et *en grand* le sucre indigène, et qui le premier a tiré de cette fabrication les conséquences agricoles et économiques qui en ont fait une des innovations les plus considérables de notre siècle.

« Le remarquable exposé des motifs qui est joint au projet de loi est si complet, qu'il laisse peu de chose à y ajouter pour justifier ce projet.

« Votre commission a pensé à l'unanimité que cette pension devrait être donnée à titre de récompense nationale, et le Conseil d'État a adopté cet amendement.

« Pour le justifier devant vous, ainsi que le projet de loi, il faut démontrer :

« 1° Que la fabrication du sucre indigène a produit des résultats très-considérables et très-heureux pour le pays ;

« 2° Que M. Crespel-Dellisse a joué le rôle principal dans cette industrie.

« Cette industrie, messieurs, a dû son origine aux guerres de l'Empire. Nos drapeaux victorieux avaient parcouru l'Europe, mais notre marine avait été moins heureuse ; les mers nous étaient fermées, et le sucre, qui ne pouvait nous arriver qu'en contrebande, valait 12 fr. le kilogramme. L'empereur Napoléon Ier, qui voyait dans la privation, pour les classes moyennes et pauvres, de cette denrée précieuse, une véritable dépendance de la France vis-à-vis des pays d'outre-mer, voulut l'en affranchir. Il était prouvé scientifiquement que la betterave contenait du sucre en assez grande quantité, et que ce sucre pouvait cristalliser comme celui de canne : mais on ne l'avait pas encore produit en grand d'une manière sérieuse.

« L'empereur, par un décret en date du 25 mars 1811, ordonna que 32,000 hectares seraient annuellement consacrés à la culture de la betterave, et mit un million de francs à la disposition du ministre de l'intérieur pour encourager cette industrie ainsi que celle du pastel qui devait remplacer l'indigo. Puis, par un second décret du 15 janvier 1812, il créa 500 licences pour la fabrication du sucre de betterave, et accorda par l'article 9, titre 3, des avantages considérables aux titulaires de ces licences.

« Le 10 mars de la même année 1812, M. Crespel, associé à son beau-frère, M. Dellisse, obtint une des premières licences.

« A cette même époque, M. Charles Derosne fut envoyé à Lille par le ministre de l'intérieur, le célèbre Chaptal, pour y fonder une fabrique de sucre au compte du gouvernement ; mais, après avoir suivi pendant trois mois la fabrication de M. Crespel, M. Derosne décida le gouvernement à renoncer à son initiative, celle de M. Crespel lui paraissant suffisante.

« L'impulsion donnée par le grand génie du siècle ne fut pas vaine, et, en 1815, les magasins de M. Crespel contenaient déjà 50,000 kilogrammes de sucre indigène.

« Le problème était résolu : la France pouvait, au besoin, se passer de l'étranger pour une denrée devenue de première nécessité.

« Mais les résultats heureux de la fabrication du sucre indigène furent loin de se borner au cas heureusement rare de grandes guerres et de malheurs maritimes. La culture de la betterave, conséquence de la culture du sucre indigène, a produit des résultats agricoles et économiques de la plus haute importance pour les temps de paix, et qui restent définitivement acquis au pays.

« Au point de vue agricole, cette culture a amené des sarclages multipliés qui ont doublé le sol, et des labours profonds qui ont ameubli la couche végétale. Lorsque les jus sucrés ont été extraits de la betterave par une forte pression, il reste ce qu'on appelle *la pulpe,* qui forme une excellente nourriture pour les bestiaux. Il a fallu l'utiliser : les cultivateurs ont augmenté énormément le nombre de leurs animaux ; d'où il est résulté d'une part un accroissement considérable d'engrais qui, joint aux sarclages et aux défoncements, a doublé la fertilité des terres, et, d'autre part, une production énorme de bonne viande qui en a vulgarisé la consommation, au point que, dans les pays de sucrerie indigène, il n'y a pas de village qui n'ait un ou plusieurs bouchers. Enfin la production générale s'est accrue dans des proportions qui seraient incroyables, si les documents les plus authentiques n'en faisaient foi.

« Ainsi, lorsqu'en 1853 l'Empereur et l'Impératrice

vinrent à Valenciennes, un arc de triomphe portait l'inscription suivante :

LA SUCRERIE INDIGÈNE

A NAPOLÉON Ier QUI L'A CRÉÉE.	A NAPOLÉON III QUI LA PROTÉGE.
Avant la fabrication du sucre indigène l'arrondissement de Valenciennes produisait annuellement 253,000 hectolitres de blé et nourrissait 400 bœufs.	Avec la fabrication du sucre indigène l'arrondissement de Valenciennes produit annuellement 421,000 hectolitres de blé et nourrit 10,700 bœufs.

« Voilà pour les améliorations agricoles.

« Il en est résulté une augmentation considérable de richesse pour le pays et de revenu pour le trésor. On peut en juger par ce seul fait que M. Crespel, lui seul, a payé dans sa vie plus de 25 millions de droits de toute espèce au trésor.

« Au point de vue économique, voici quelles ont été les précieuses conséquences de la sucrerie indigène.

« Les ouvriers émigrent volontiers des campagnes dans les villes : ils y sont entraînés par l'attrait du bien-être général qu'ils y trouvent, et surtout par le manque de travail pendant l'hiver. Ce symptôme est devenu si grave dans plusieurs départements, que le gouvernement s'en est ému et a consulté les conseils généraux. Eh bien, il ne se remarque point ou presque point dans les pays où prospère la sucrerie indigène. L'été, les sarclages multipliés que nécessite la betterave donnent du travail aux ouvriers, à leurs femmes et à leurs enfants : l'hiver, la sucrerie les occupe à un labeur qui, loin d'être énervant comme le travail assis de certaines fabriques, développe leur force et leur santé ; et elle leur donne de larges salaires qui leur permettent de mettre au moins une fois par semaine le pot-au-feu.

« Voilà pour les classes ouvrières.

« Mais pour les cultivateurs, quelles améliorations morales et matérielles n'a pas produites la sucrerie indigène !

« Il faut, pour être fabricant de sucre, une certaine connaissance de comptabilité, de mécanique, de chimie et de physique, qui ne peut être acquise que par une bonne éducation. Toutes ces précieuses qualités fuyaient la pauvre agriculture, regardée comme un métier de routine et de paysan, et se concentraient dans les carrières dites libérales. La sucrerie indigène les a ramenées à l'agriculture : elle a produit, au profit des campagnes, la décentralisation de l'intelligence et de l'éducation : les capitaux ont suivi, et dès lors les progrès ont marché à pas de géant chez les agriculteurs, comme le bien-être chez leurs ouvriers.

« Pendant longtemps on a cru que la sucrerie indigène était forcément concentrée dans les départements du Nord, où elle avait pris naissance, et le reste de la France la regardait d'un œil un peu jaloux, comme une industrie locale. Mais bientôt elle a pris un essor hardi ; elle s'est répandue jusqu'à Paris ; elle a dépassé la capitale, et aujourd'hui la sucrerie de Bourdon, près de Clermont-Ferrand, en Auvergne, comme plusieurs sucreries dans le Berry, ont leur existence assurée.

« La sucrerie a enfanté des distilleries agricoles : elle a inventé d'ingénieuses machines, d'admirables procédés qui, dépassant les mers, sont allés régénérer, vivifier les colonies auxquelles elles préparent une nouvelle prospérité, et de cette émulation, de cette lutte pacifique est résulté l'abaissement du prix du sucre, qui est devenu pour nos populations d'un usage universel.

« Voilà, messieurs, les précieux, les immenses résultats qu'a produits pour la France, et même pour nos colonies, la sucrerle indigène.

« Une récompense nationale fut-elle jamais donnée pour une innovation plus utile et plus considérable? Et quand les chambres l'ont accordée aux travaux sur les langues orientales de E. Burnouf, aux métiers à tisser le lin de Philippe de Girard, et aux découvertes sur les chaux hydrauliques de Vicat, il n'a pas paru à votre commission qu'elle pût être refusée à la sucrerie indigène.

« Quelques esprits un peu absolus admettent bien qu'une pension soit donnée pour des services sérieux, mais ils veulent réserver la récompense nationale à de grands faits d'armes, au général qui a gagné des batailles, pris des forteresses, délivré le pays de l'invasion étrangère.

« Messieurs, sans aucun doute, la gloire militaire et le mérite du sang versé pour la patrie tiendront toujours la première place dans les émotions d'un cœur français; mais nous ne devons pas être exclusifs en fait de gloire et de services rendus au pays. A la croix de Saint-Louis, qui ne pouvait être obtenue que pour des faits de guerre, a succédé la croix de la Légion d'honneur, qui unit dans une glorieuse confraternité tous les mérites et tous les dévouements. Ne soyons pas plus exclusifs que le grand capitaine qui a fondé la Légion d'honneur, et étendons, sans la prodiguer, à tous les genres d'éminents services rendus au pays, la récompense nationale.

« Il nous faut maintenant, Messieurs, rechercher quelle est la part que M. Crespel-Dellisse a prise dans la sucrerie indigène.

« Dès 1809, il fait des essais, et, aidé d'un ami, M. Parsy, associé à son beau-frère, M. Dellisse, il établit une fabrique de sucre indigène à Lille, rue de l'Arc.

« En 1810, il présente au maire de Lille et expose dans cette ville un pain de sucre obtenu par ses procédés. Pendant cette année, M. Crespel-Dellisse tire de la betterave 500 kilogrammes de sucre brut; pendant l'année suivante, il en obtient 10,000 kilogrammes, et son succès va toujours croissant.

« Mais 1814 arrive : la fabrique de M. Crespel est dévastée; ses magasins contenaient 50,000 kilogrammes de sucre, qui valaient 8 fr. le kilogramme, et qui, le lendemain, ne pouvaient se vendre 1 fr. 60 c. Le désastre était complet.

« M. Parsy était mort en 1812; M. Dellisse se retire de la société : tous ceux qui avaient essayé, comme M. Crespel, de produire le sucre indigène, ruinés ou effrayés, abandonnent leur entreprise : seul, M. Crespel ne perd pas courage, et seul il est resté jusqu'en 1821.

« Il transporte son industrie à Arras et y consacre les débris de son patrimoine; mais là il se trouve en présence de nouvelles difficultés.

« Un malheureux préjugé faisait croire que la betterave épuisait les terres; les cultivateurs refusaient d'en semer; les propriétaires interdisaient formellement, dans leurs baux, cette culture à leurs fermiers.

« Alors, M. Crespel-Dellisse se fait lui-même cultivateur : il loue, à des prix élevés, des terres, et parvient à alimenter sa fabrique.

« En 1816-1817, les betteraves manquent : des gelées précoces viennent saisir le peu qu'il y en a en terre avant l'arrachage : nouveau désastre qui affecte M. Crespel sans ébranler son courage.

« En 1817-1818, M. Crespel-Dellisse obtient un succès complet dans son agriculture et dans son industrie; il agrandit sa fabrique.

« Ses appareils doivent être perfectionnés et modifiés à mesure que l'expérience révèle de nouveaux faits et que M. Crespel invente de nouveaux procédés : pour ne pas dépendre d'étrangers qui comprendraient mal ses instruments tout nouveaux, M. Crespel se fait constructeur et fabrique tous ses appareils.

« En 1818-1819, le duc d'Angoulême vient visiter la fabrique de M. Crespel; M. le préfet du Pas-de-Calais nomme une commission devant laquelle on opère le raffinage du sucre indigène par le noir animal, et le produit est envoyé au ministre de l'intérieur.

« En 1821, le succès de M. Crespel était incontestable, et il trouve quelques imitateurs. Bien loin de vouloir conserver pour lui un monopole qui lui eût assuré une grande fortune, M. Crespel ouvre ses usines et prodigue ses conseils à tous ceux qui veulent apprendre. Plus de vingt élèves, tant français qu'étrangers, se trouvent réunis dans la fabrique centrale d'Arras, tandis que beaucoup d'autres suivent dans les fermes de M. Crespel ses procédés de culture. Plus de cent fabriques, tant en

France qu'en Europe, sont montées sur ses indications et ses conseils.

« Sa correspondance fut immense, et un dossier classé avec ordre, et contenant quatre cent cinquante-neuf lettres de personnages considérables, sera pour ses enfants un précieux titre de famille[1].

« Après tant de vicissitudes, les honneurs et les récompenses viennent enfin dédommager M. Crespel-Dellisse.

« Il est nommé successivement : en 1831, chevalier de la Légion d'honneur ; en 1831, chevalier de l'odre du Mérite de Hesse, et en 1838, chevalier de l'Aigle-Rouge de Prusse.

« Il obtient les distinctions suivantes :

« En 1819, à l'exposition, une mention honorable ; — en 1823, à l'exposition, une médaille d'argent ; — en 1825, de la Société d'encouragement, une médaille d'or ; — en 1827, à l'exposition, la grande médaille d'or ; — en 1848, de la Société centrale d'agriculture, une grande médaille d'or ; — en 1855, à l'exposition universelle, une médaille d'honneur, etc., etc.

« Les rapports de Chaptal à la Société d'encouragement, à l'occasion de la grande médaille d'or du jury de l'exposition en 1827 qui, en outre de la médaille d'or accordée, demande la croix pour M. Crespel, et de M. Payen, en 1848, à la Société centrale d'agriculture, en proposant pour M. Crespel la grande médaille d'or, ont ajouté un nouveau prix à ces glorieuses distinctions et ont tous signalé M. Crespel pour la persévérance de son courage et la générosité de ses conseils.

---

1. Ce chiffre ne représente que le *premier volume* de la collection d'autographes que j'ai formée moi-même ; c'est 2,000 qu'il faudra dire. A.-B.

« Enfin le journal de l'Académie nationale, agricole, manufacturière et commerciale, en rendant compte en 1856 de l'exposition universelle de 1855, s'est fait l'organe de tous les exposants agriculteurs et industriels en terminant ainsi :

« M. Crespel-Dellisse est membre des Sociétés d'en-
« couragement de Paris, de Berlin, de Londres, etc.; il
« est chevalier de la Légion d'honneur, de l'ordre du
« Mérite de Hesse, de l'ordre du Mérite de Bavière, de
« l'Aigle-Rouge de Prusse.

« Mais est-ce assez? Non. Ce que nous demandons au
« pied de ce modeste pain de sucre et de ces quelques
« gerbes de blé que nous avons trouvés au palais de
« l'Industrie, c'est une récompense qui ait une plus
« grande signification encore que tous ces titres, toutes
« ces médailles et toutes ces croix. Il est des noms qui
« signifient télégraphe, vapeur, métier à tisser la soie,
« etc., etc.; celui de M. Crespel-Dellissse doit signifier
« désormais : sucrerie indigène.

« Et qui donc, parmi nos fabricants du jour, est resté
« plus longtemps sur le champ de bataille? Qui donc a
« pris à sa source une industrie traversée par tant d'é-
« preuves, et l'a conduite, au prix de plus grands sacri-
« fices, à son plus haut degré de prospérité? Qui de
« vous a lutté quarante-cinq ans pour une industrie sans
« cesse menacée?

« Ce que nous demandons, nous, pour cette noble
« carrière, pour cette existence souverainement utile à
« laquelle tant d'autres existences sont suspendues,
« pour cet homme dont le courage, le génie et la per-
« sévérance égalent la modestie, pour ce vétéran de
« l'industrie, aussi aimé que respecté de tous ceux qui

« l'entourent, pour ce grand citoyen enfin, dont nous
« espérons voir un jour le nom sur l'un des écussons du
« palais de l'Industrie, c'est *une récompense natio-*
« *nale*[1]. »

« Ainsi, vous le voyez, messieurs, le gouvernement et
votre commission ne font aujourd'hui que suivre l'opinion publique qui les avait devancés, en vous proposant une récompense nationale pour M. Crespel-Dellisse.

« Avec les honneurs, la fortune était venue à M. Crespel-Dellisse ; mais l'âge aussi était arrivé, car M. Crespel,
né en 1789, a aujourd'hui soixante-quinze ans. Son fils,
Tiburce Crespel, élevé à son école, avait dignement
répondu à ses espérances. Industriel et agriculteur dis-
tingué, membre actif de la Société centrale d'agriculture,
il avait été, jeune encore, décoré de la Légion d'honneur.
Marié à une fille de l'illustre amiral Roussin, il était
resté l'associé et le bras droit de son père. La crise
commerciale de 1857-1858, si désastreuse pour la sucrerie indigène, tombe sur MM. Crespel comme sur les
autres : ils luttent avec énergie ; mais une courte et
violente maladie enlève M. Tiburce Crespel à son brillant avenir, à son père, à leurs affaires.

« Le coup fut affreux pour ce vieillard. Après une vie
de luttes et de travaux immenses, il voyait à la fin de sa
carrière fondre à la fois sur lui la plus navrante dou-
leur, la perte de celui dont la jeune et haute intelligence tenait tous les fils de ses affaires, puis tous les
embarras d'une crise commerciale.

« M. Crespel-Dellisse voulut encore résister, mais il
était épuisé ; jamais ses affaires ne se relevèrent, et au-

1. Extrait du mémoire publié en 1855 par M. Aymar-Bression, directeur
général de l'*Académie nationale.*

jourd'hui ses amis ont décidé, non sans peine, ce courageux athlète, qui ne pouvait se résigner au repos, à faire une liquidation qui ne lui laissera presque rien. — C'est alors que l'Empereur qui, à Ham, a écrit un excellent ouvrage sur la sucrerie indigène, dont il a envoyé alors un exemplaire signé de sa main à M. Crespel, lui a montré le plus bienveillant intérêt. C'est par son ordre que le gouvernement vient demander au Corps législatif d'accorder au vétéran de la sucrerie indigène, au véritable fondateur de cette grande industrie, une pension incessible et insaisissable de 6,000 fr. à titre *de récompense nationale.* »

(Vote unanime.)

Il est une assertion de ce remarquable rapport que nous ne pouvons laisser passer sans observation.

M. Crespel-Dellisse a soixante-quinze ans! c'est vrai! mais il est parfaitement apte encore, non-seulement à gérer ses affaires, mais à diriger un établissement, quelque important qu'il soit.

Son activité est restée la même, et son expérience est plus précieuse que jamais. On peut y recourir encore.

Nous avions l'intention de joindre à l'appui des notes qui précèdent, la nomenclature de la vaste collection d'autographes à laquelle M. d'Havrincourt a fait allusion. Ce travail sera publié plus tard.

NOUVELLES DISPOSITIONS ANGLAISES

RELATIVEMENT AUX SUCRES.

En juin 1864 un journal anglais s'exprimait ainsi à propos de la question des sucres :

« Une modification vient d'avoir lieu en France sur la « législation des sucres.

« Or, M. Gladstone, renonçant aux dénominations « commerciales actuelles, adopte définitivement les « chiffres numériques qui classent les sucres selon leur « valeur saccharine.

« Voici en chiffres français ce que chacun des cinq « types aura à payer tant en France qu'en Angleterre.

« La loi, assure-t-on, va être présentée d'ici peu. »

	Tarif anglais.	Tarif actuel français.
Nos 19 à 20 . . .	32 fr. 20	. . . 44, 45 et 47 fr.
Nos 15 à 18 . . .	29 50	. . . 44 fr.
Nos 11 à 14 . . .	26 10	
Nos 7 à 13 . . .	23 40	} . . . 42 fr.
Au-dessous de 7 .	20 50	

Si ce projet de loi est voté, il est incontestable que l'avantage restera encore à la marine... anglaise.

FIN.

TABLE DES MATIÈRES

Pages.

IMPRIMERIE J. CLAYE

PARIS